Research on Legal Regulation of Environmental Risks

总主编：吴汉东

·南湖法学文库编辑委员会·

主　任：吴汉东
副主任：陈景良　刘　笋　张　红
委　员：吴汉东　陈景良　刘　笋　张　红
　　　　王广辉　郑祝君　张继成　赵家仪
　　　　胡开忠　樊启荣　詹建红　邓　烈

南湖法学文库

环境风险法律规制研究

郭红欣 著

图书在版编目(CIP)数据

环境风险法律规制研究/郭红欣著. —北京:北京大学出版社,2016.12
(南湖法学文库)

ISBN 978-7-301-27818-5

Ⅰ.①环… Ⅱ.①郭… Ⅲ.①环境保护法—研究 Ⅳ.①D912.604

中国版本图书馆 CIP 数据核字(2016)第 284801 号

书 名	环境风险法律规制研究
	HUANJING FENGXIAN FALÜ GUIZHI YANJIU
著作责任者	郭红欣 著
责 任 编 辑	郭瑞洁
标 准 书 号	ISBN 978-7-301-27818-5
出 版 发 行	北京大学出版社
地 址	北京市海淀区成府路 205 号 100871
网 址	http://www.pup.cn
电 子 信 箱	law@pup.pku.edu.cn
新 浪 微 博	@北京大学出版社 @北大出版社法律图书
电 话	邮购部 62752015 发行部 62750672 编辑部 62752027
印 刷 者	北京大学印刷厂
经 销 者	新华书店
	965 毫米×1300 毫米 16 开本 12.75 印张 183 千字
	2016 年 12 月第 1 版 2016 年 12 月第 1 次印刷
定 价	35.00 元

未经许可,不得以任何方式复制或抄袭本书之部分或全部内容。
版权所有,侵权必究
举报电话:010-62752024 电子信箱:fd@pup.pku.edu.cn
图书如有印装质量问题,请与出版部联系,电话:010-62756370

本研究为教育部人文社科青年基金项目"环境群体性事件中的权利表达与实现"(编号:13YJC820027)成果

总　序

历经几回寒暑,走过数载春秋,南湖畔的中南法学在不断精心酿造中步步成长。中南法学的影响与日俱增,这离不开长江边上这座历史悠久、通衢九州的名城武汉,更离不开中南法律人辛勤耕耘、励精图治的学术精神,中南学子源于各地,聚集于此,又再遍布大江南北传播法学精神,砥砺品格、守望正义的同时也在法学和司法实践部门坚持创新、止于至善,作出了卓越的贡献。

纵观中南法学的成长史,从1952年9月成立中原大学政法学院,到1953年4月合并中山大学、广西大学、湖南大学的政法系科,成立中南政法学院,后至1958年成为湖北大学法律系,1977年演变为湖北财经学院法律系,转而于1984年恢复中南政法学院,又经2000年5月的中南财经大学与中南政法学院合并至今,中南财经政法大学法学院已然积攒了50年的办学历史。虽经几度分合,但"博学、韬奋、诚信、图治"的人文精神经过一代又一代中南学人的传承而日臻完善,笃志好学的研习氛围愈发浓厚。中南法学经过几十年的积累,其学术成果屡见丰硕。"南湖法学文库"这套丛书的编辑出版,就是要逐步展示中南法学的学术积累,传播法学研究的中南学派之精神。

中南法学经过数十载耕耘,逐渐形成了自成一格的中南法学流派。中南法律人在"为学、为用、为效、为公"教育理念的引导下,历练出了自有特色的"创新、务实"的学术精神。在国际化与跨地区、跨领域交流日益频繁的今天,中南法学以多位中南法学大家为中心,秉承多元化的研究模式与多样性的学术理念,坚持善于批判的学术精神,勇于探讨、无惧成论。尤其是年轻的中南法学学子们,更是敢于扎根基础理论的研习,甘于寂寞;同时也关注热点,忧心时事,活跃于网络论坛,驰骋于法学天地。

从历史上的政法学院到新世纪的法学院,前辈们的学术积淀影响深远,至今仍给中南法学学子甚至中国法学以启迪;师承他们的学术思想,沐浴其熠熠生辉的光泽,新一辈的中南法律人正在法学这片沃土上默默耕耘、坚忍不拔。此次中南财经政法大学法学院推出这套"南湖法学文库",作为中南法学流派的窗口,就是要推出新人新作,推出名家精品,以求全面反映法学院的整体科研实力,并使更多的学者和学子得以深入了解中南法学。按照文库编委会的计划,每年文库将推出 5 到 6 本专著。相信在中南法律人的共同努力下,文库将成为法学领域学术传播与学术交流的媒介与平台,成为中南法律人在法学研习道路上的阶梯,成为传承中南法学精神的又一个载体,并为中国法学研究的理论与实践创新作出贡献。

晓南湖畔书声朗,希贤岭端佳话频。把握并坚守了中南法学的魂,中南法律人定当继续开拓进取,一如既往地迸发出中南法学的铿锵之声。

是为序。

吴汉东

2010 年 12 月 1 日

前　　言

英国著名作家查尔斯·狄更斯在其名著《双城记》一书的开头说道："这是最好的时代，也是最坏的时代；这是智慧的时代，也是愚蠢的时代；这是信仰的时期，也是怀疑的时期；这是光明的季节，也是黑暗的季节；这是希望之春，也是失望之冬；人们面前有着各样事物，人们面前一无所有；人们正在直登天堂，人们正在直下地狱。"

狄更斯150多年前所述的名言至今依然意蕴深长：当今的中国，高速公路、铁路的使用缩短了人们的时空距离，信息的传递便捷了人和人之间的沟通，各种塑料制品及各类化学添加剂的使用为我们的生活提供了各种便利，这是一个最好的时代！然而一系列有关环境的数字动摇了人们的这个判断。2014年4月17日环境保护部和国土资源部发布的《全国土壤污染状况调查公报》显示全国土壤总的超标率为16.1％，其中轻微、轻度、中度和重度污染点位比例分别是11.2％、2.3％、1.5％和1.1％。[①] 数据公布后，引起了社会的广泛关注，并集中于和生存直接相关的疑问：哪里产的大米没有毒。加之

[①] 环保部、国土资源部：《全国土壤污染状况调查公报》，http://www.mep.gov.cn/gkml/hbb/qt/201404/W020140417558995804588.pdf，2014年4月20日访问。

频繁见诸报端的水污染和饮用水安全的报道,不禁让公众产生这样的质疑:水污染了,饮用水不安全,遍地是毒大米,食品安全难以得到保障,大气雾霾持续,对人体的健康产生极大威胁。面对这最基本的生存安全都无法得到保障的各种风险,这还是最好的时代么?

(一) 风险的增多与风险规制的兴起

人类社会的发展面对和经历着各种环境问题,包括局部的环境退化和整体的全球性的气候变暖、臭氧空洞等环境变异。社会的进步并没有消除这些环境问题,它们持续地伴随着人类社会的发展。随着以工业革命为先导和动力的现代化的推进,科学技术的进步和消费能力的提升给人类社会带来翻天覆地的变化,同时也引发出前所未有的不可思议的更多的不确定性,以更多的环境风险的形式呈现出来,传统的环境问题在当今亦被注入了新的要素。环境风险成为风险的主要表现形式,并进一步演化为社会性风险。风险成为认识当下社会的关键性概念,并将人类社会带入风险社会[①]的新阶段。风险社会是对社会和社会问题的全新认识与理解。

风险,尤其是环境风险的增多,使得"应对风险"成为行政国家的主要职能,风险规制逐渐兴起。由于现代社会风险的系统性、复杂性和影响的广泛性等特点提出了一系列的"定义"问题:(1)谁定义并确定产品的有害性、危险、风险的大小?责任归谁?是风险制造者,从中渔利者,潜在地受影响者,还是公共机构?(2)对引发事件的原因、维度和行为者我们知道什么,又不知道什么?对于这些原因、维度和行为,我们有充分的证据和"证明"来证明因果关系吗?(3)在一个关于风险的知识必定是有争议的和不确定性的世界里,什么算是充分的证据?(4)由谁来决定对受害者的赔偿,用什么来构

---

① 风险社会的概念是德国社会学家乌尔里希·贝克在 1986 年出版的《风险社会》一书中首次使用的概念,该书出版之际,正值苏联切尔诺贝利核电站意外事故发生,该书提出的概念格外引人注目。虽然该书是在分析生态问题的过程中产生的,但是风险社会理论强调从制度的角度来理解风险的产生和解决,更具有实践性,因此"风险社会"一词也顺理成章的成为公共政策、科技运用与环保运动诸领域的核心概念之一,是认识当下社会的关键性概念。

成控制未来灾害的适当规则？① 这些现实的问题使得传统的个体责任追究机制在风险应对上无能为力。遭受环境风险威胁或损害的对象不限于特定个人，也不限于传统意义上的不特定多数，还包括未出生的后代与自然的利益。风险一旦转化为现实的灾难，侵害后果往往很难被估测和认定，化学污染、核辐射和转基因生物等可能引发的危害，超越了人类当前的认识能力。由于传统法律的责任追究机制面对环境风险显得无能无力，对于环境风险，由国家为主的事前预防与控制更有意义。政府规制的有效性在环境风险问题上显得尤为重要。

　　风险具有不确定性，而法律以确定性为特征。面对技术性风险，面对日益增多的技术性风险，负有环境管理职能的国家主要通过标准的制定将风险控制在法律所允许的安全范围内，在风险评估的基础上作出风险决策。然而这一规制模式忽视了风险承受者在风险决策中的地位和价值。在风险规制中，科学知识扮演了重要角色，但是科学知识只是人们认知的基础，是决策的依据，作为风险后果直接承受者的个体，是否能够基于自身的风险认知接受政府对风险的决策对于风险规制来说具有决定性的意义，"风险的可接受性问题与更大范围内的社会安排深深的交织在一起，技术风险争论提出的问题关系到权力和社会控制"。② 风险决策中的民主程序需要保障风险的实际承受者能够表达自身的风险认知，形成风险共识，并实质性地参与到风险分配过程中。在这一过程中，任何环节的疏忽或欠缺都将导致风险承受者的不满，甚至引发新的制度性风险，我国环境群体性事件的频繁发生即为具体体现。

（二）环境风险与环境群体性事件

　　环境群体性事件在20世纪50年代就已出现，是公众个人财产、生活环

---

① Barbara Adam, Ulrich Beck, Joost Van Loon (et al.), *The Risk Society and Beyond: Critical Issues for Social Theory*, SAGE Publication, 2000, pp.224—225.转引自赵鹏：《风险规制的行政法问题》，中国政法大学2009年博士论文，第56页。
② 〔英〕伊丽莎白·费雪：《风险规制与行政宪政主义》，沈岿译，法律出版社2012年版，第10页。

境以及人体健康因企业污染行为遭受严重损害而得不到有效法律救济后借助群体性力量进行的无奈抗争。随着环境污染的日益严重,此类事件在2010年前居于群体性事件的主流。2007年以来因具有环境风险项目的建设所引发的群体性事件接连发生,如厦门PX事件、上海磁悬浮列车事件、番禺垃圾焚烧厂事件、四川什邡反对钼铜项目建设事件等。在2015年新《环境保护法》开始实施后环境群体性事件依旧居高不下。深圳、广东河源、上海金山区、宝山区、广东陆丰、江西南昌、广西北海、广东阳春、湖北武汉、仙桃等多地先后爆发了抗议兴建(扩建)垃圾焚烧场、火电厂、PX项目、变电站、核电站、码头、康复医院等环境风险较大建设项目的环境群体性事件。此类事件对政府与民众之间的信任,乃至当地社会的安定都造成较大的影响。在一些事件中甚至引发了暴力冲突。

因环境污染或具有较高环境风险项目的建设而引发的群体性事件所针对的项目并未开工建设或在开工之初,对环境或人体健康的损害性结果尚未出现,相关公众出于对环境风险的恐惧和担忧在公共决策过程中即采取群体性的方式表达自身的担心和诉求,此类事件可被称之为事前预防型环境群体性事件。与之相对应,环境污染受害人在健康或财产损害发生后由于法律途径在救助环境污染受害人方面的不足导致的群体性抗争可被称之为事后救济型环境群体性事件。

表1 近年来若干重大预防型环境群体性事件一览①

事件	起因	经过	结果
厦门PX事件	腾龙芳烃(厦门)有限公司计划在厦门沧海兴建年产80万吨PX的化工厂。	2007年5月20日起,反对上马PX项目的民间舆论持续发酵。6月1日和2日,近万名厦门市民佩戴黄丝带上街游行,要求立即停建。	5月30日,厦门市人民政府举行新闻发布会,宣布缓建外资PX化工项目。11月6日,《厦门日报》报道厦门市政府已决定复建PX项目。12月16日,福建省政府和厦门市政府决定,将该项目迁往漳州市漳浦县的古雷半岛兴建。

---

① 本书在凌斌对典型环境群体性事件的梳理总结基础上进行了补充。参见凌斌:《规制选择的效率比较:以环保制度为例》,载《法学研究》2013年第3期。

(续表)

事件	起因	经过	结果
大连PX事件	大连福佳大化PX项目,因台风致工厂附近溃堤,经媒体报道,为公众知晓。	2011年8月14日,一万二千余名大连市民到市政府前示威游行,要求福佳大化立即停产,政府宣布搬迁时间。	8月14日下午,大连市委市政府作出决定,福佳大化PX项目立即停产,并将尽快予以搬迁。
天津PC项目事件	中沙(天津)石化有限公司计划在天津大港兴建年产26万吨聚碳酸酯(PC)的化工项目。	2012年4月3日至13日,天津大量民众在大港区世纪广场游行示威,要求立即停建PC项目。	4月13日晚,天津市政府与中石化集团公司研究决定:立即停止项目施工,重新对环境影响评价、安全评价进行更详细的复审。
什邡反对钼铜项目事件	什邡招商引资项目"四川宏达集团钼铜多金属资源深加工综合利用项目"计划开工建设。	2012年6月30日至7月4日,什邡大量民众在市政府和附近的宏达广场集会示威,要求停建钼铜项目。	7月3日下午,什邡市委、市政府决定,停止该项目建设,并且今后不再建设此类项目。
启东反对排污项目事件	江苏南通市政府批准日本王子制纸的制纸排海工程项目申请。	2012年7月28日清晨,大量民众在市政府门前广场及附近道路集会示威,要求政府立即叫停排污工程。	7月28日上午,南通市人民政府决定,永久取消王子制纸排海工程项目。
宁波镇海PX事件	镇海炼化一体化项目包含PX生产装置。	2012年10月初,因项目建设导致拆迁纠纷,镇海区居民陆续到区政府上访。后因项目包含PX装置一事曝光,10月25日至28日,大量民众封路抗议,集会示威蔓延至宁波市中心和市政府,强烈要求项目停建。	10月28日,宁波市政府新闻发言人宣布,宁波市经与项目投资方研究决定:(1)坚决不上PX项目;(2)炼化一体化项目前期工作停止推进,再作科学论证。

(续表)

事件	起因	经过	结果
成都反对PX项目事件	成都市区30公里外的彭州,一个初期规划1000万吨/年炼油和80万吨/年乙烯化工基地正在建设。此大型化工项目工程奠基仪式已经举行,刚刚被部分成都市民所得知。	从2013年4月底开始,一些有关彭州化工项目的短信开始传播,民间部分人士号召于5月4日在天府广场和九眼桥举行"散步"活动,由于警方的维稳行动,抗议活动未能顺利进行。	成都市市委市政府随即作出表态称,在正式验收前,不允许企业生产。2013年5月21日,建设产能为年65万吨对二甲苯(PX)的芳烃联合装置完成了工程交接。
昆明反对PX项目事件	昆明民众反对安宁市草铺工业园区的1000万吨炼油项目引起的群体性事件。	2013年5月4日青年节当天下午,众多民众戴着写有黑色PX、红色叉的口罩,走上昆明市街头抗议,稍晚些时候,警察用人墙围住整个方形广场,人们只能走出,不得进入。	面对昆明市公民的抗议,昆明市市长李文荣承诺:"大多数群众说不上,市人民政府就决定不上。"
茂名反对PX项目游行	当地拟建对二甲苯(PX)项目	2014年3月30日起大批民众针对对二甲苯(PX)化工项目发起连续数天的抗议与示威活动,参与人数从几千至上万人不等。4月1日,抗议活动扩展至省会,约300人在广州中山纪念堂附近举行声援茂名反PX的游行。4月3日,又有20余人在深圳举行游行示威。	茂名市政府新闻发言人表态该项目仅是科普阶段,离启动为时尚早。在考虑项目上马时一定会通过各种渠道听取公众意见再进行决策。如绝大多数群众反对,茂名政府部门决不会违背民意进行决策。

(续表)

事件	起因	经过	结果
深圳拒绝垃圾焚烧厂建造	深圳市规划和国土资源委员会在其官方网站上公布关于深圳市东部垃圾焚烧处理厂项目选址方案,方案称深圳市东部垃圾焚烧处理厂项目申请用地拟选址于坪地街道四方埔社区上坑塘地段。	2015年1月5日,广东省深圳市数千市民到深圳市民中心集会,抗议日烧5000吨的大型垃圾焚烧场选址龙岗区坪地街道。集会被大批警察强行驱散,多人被抓捕。	市民发起数次示威抗议,均无果。
广东河源群众聚集反对河源电厂二期火电项目	广东省河源电厂二期项目即将上马	因担心项目建设影响市区空气质量,河源市当地居民2015年3月组织反对河源电厂二期项目上马的万人签名活动,同年4月1000名左右河源市民"游行散步"抵制火电厂二期项目继续推进	市委副书记代表市委、市政府在现场与聚集群众进行沟通解释,明确表示将坚持市委、市政府提出的"科学决策、公众沟通"原则,来进行项目的前期准备工作。

从环境群体性事件的表现形式来看,事后救济型环境群体性事件和事前预防型环境群体性事件均表现为因环境矛盾而引发的相关公众以集体上访、阻塞交通、围堵党政机关、围堵工厂等方式反对企业或政府的某一具体环境行为以维护自己相关的环境权益,都呈现出一定地域性、规模性、可预见性、反复性和危害性,但引发事件的原因却是不同的。在事后救济型环境群体性事件中,企业的污染行为对不特定多数人造成损害是客观事实,公众的健康权、财产权受到企业污染行为的侵犯而无法得到有效的救济是直接

诱因①,实际权利受到损害的个体是参与事件的主体,每一参与的个体都有独立的权利诉求,范围相对明确。在事前预防型环境群体性事件中,环境公共决策过程对公众参与的忽视是诱发事件的原因,决策者的信息不透明导致公众难以获得所需要的信息。在信息获取不足的情况下,作为风险直接承受者的公众对风险会形成一种紧张不安、压抑烦躁和非理性冲动的社会心理状态。② 事前预防型环境群体性事件就是这一紧张心理集聚到一定程度后形成社会张力所爆发的大规模的集群行为。这类事件对社会的影响面更大,并呈现后来者居上的发展态势。③

环境群体性事件的发生是公众因合法环境权益诉求在体制内"求而不得"转而在体制外表达话语的无奈之举,从性质上说是公众期望与社会现实差距引起的集体抗争,是权利的极端表达方式。而其中事前预防型环境群体性事件的不断增多反映出有关环境风险决策在维护公共利益、社会公平和实现可持续发展方面的不适应,进而引发公众的集体抵制。

环境风险项目的决策与中国其他公共决策一样,对公众基本是不透明的,虽然有关建设项目环境影响评价的制度要求对环境信息公开提出了要求,但是这种要求距离公众认识和理解环境风险还有很大的差距,更不要说一些项目建设本身还存在有法不依的情形。公众对于有较大环境风险项目的反对,一方面是因为公众与决策者基于风险认知的差异而难以通过有效的沟通形成共识,另一方面则是对于环境风险项目因管理不善而引发安全问题的担忧,是对环境风险项目监管的不信任。风险类环境群体性事件的频繁发生反映出现行法律在有关风险规制方面的不适应,是现行的环境法治所引发的制度性风险。化解风险类环境群体性事件,需要在风险社会这

---

① 例如在2005年的浙江东阳事件中,引发冲突的源头是当地工业园区的数十家企业长期排放未经处理的有毒有害的废弃物,严重污染了当地环境,使附近居民的健康和财产蒙受了巨大损失。
② 谭爽:《邻避项目社会稳定风险的生成及防范——基于焦虑心理的视角》,载《北京航空航天大学学报》2013年第3期。
③ 据《中国环境报》报道,2012年四川什邡、江苏启东和浙江宁波因反对钼铜项目、达标水排海工程和PX项目分别引发的群体性事件被列入该年度国内十大环境新闻。《2012年国内国际十大环境新闻》,载《中国环境报》2013年1月17日。

一背景下重新审视公众与政府在环境公共决策中的地位和作用,从法律制度层面重新平衡环境行政决策权和公众环境权利,赋予公众参与环境决策过程的实质性权利,完善相应权利实现的法律路径,提高公众对环境风险决策的认同度和接受度。

(三) 环境群体性事件与公民权利

一般而言,公众的抗争都是以实现一定的权利诉求为目的的。在事后救济型环境群体性事件中,公众所要维护的是已经受到损害的健康权、财产权。随着高科技的发展和技术的应用,它所带来的环境风险严重威胁到公众的安全,进而引发公众的抵制和抗议。在事前预防型环境群体性事件中,环境权是公众抗争的直接权利诉求,公众从根本上所维护的是健康免于环境风险威胁的权益,只是环境风险对健康权的侵害状态尚未实际出现。基于对健康权益损害的恐慌,公众利用各种可能的权利进行意见表达和抗争,目的主要是想要维护自身生活环境的安全,保障自身健康远离环境风险的威胁。同时,环境群体性事件尤其是事前预防型环境群体性事件的增多,说明公众对于环境利益和负担的分配产生了极度的不满,是公众健康生存对环境的需求与经济建设对环境的利用之间深层次矛盾的反应,引发公众对现行法律体制所提供环境正义[①]的关注。

由于实际的健康损害尚未出现,公众即采取行动表达意见,群体性事件呈现出公众的权利维护从事后救济型维权转变为事前预防型维权的发展趋势。越来越多的人在自身的利益、权利尚未遭受切实的损害之时就采取多种方法表达自身的诉求。这与中国公民的权利意识增长存在密切关系。在改革开发以来的很长一段时间,经济发展处于优先的地位,整个社会不惜以环境污染作代价换取经济增长,而公众也在获取较高经济收入的情况下默许了对环境的这种利用。随着空气不再新鲜,饮水不再洁净,土壤中产出的

---

① 环境正义"所关心的是那些在利益与负担存在稀缺与过重时应如何进行分配的方式问题"。〔美〕彼得·温茨:《环境正义论》,朱丹琼、宋玉波译,上海人民出版社 2007 年版,第 2 页。

食品不再安全,环境污染造成的健康损害让公众无法忍受环境质量状况的日益恶化的现状,环保意识得以觉醒,在良好适宜的环境中生存成为公众急迫的诉求,公众希望通过自身的参与实现对环境权益的维护。为维护实体性健康权益免受环境风险的威胁,公众作为环境风险的直接承受者,要求了解环境风险的内容,要求参与到环境风险的决策之中,而这些诉求则表现为公众的环境知情权、环境参与权、环境损害救济权等实体性和程序性的权利内容。

然而我国现行环境法律制度体系以政府对污染行为的禁止和限制性监管为主要方式,对有关环境风险的决策由政府主导作出,缺乏对公众意见的关注,对其参与保障不足。因环境风险而激发的公众权利要求对现行的环境法治提出极大的挑战。

环境风险既是新兴的环境问题,同时也是环境问题发展的新的领域。从风险角度认识环境问题也引发了对环境保护、环境管理和环境政策法律无可回避的现实要求。应对环境风险是所有社会力量不可懈怠的任务,而任务的完成必须放在风险社会理论对于现代化进行深刻反思的基础之上。传统工业社会以来所形成的思维方式和社会制度,造成法律对于环境风险的规制侧重于以确定性为基础的强制性行为规制,而这些策略主张面对以风险的不确定性为核心的现实需求彰显出一定程度的不适应。作为系统运作的法律,必须对以不确定性为特征的风险规制作出回应,而这种回应的实现最终需要依赖于法律的反思理性来完成,法律必须从程序主义的进路寻求规制的发展,这也深刻影响到环境法对于环境风险的规制。

从法学角度而言,环境风险以及对环境风险的关注和实际作为历史赋予环境法学的新命题和新责任,满足既存和未来的环境风险规制要求是环境保护和环境政策法治必须完成的任务。一再发生的预防型环境群体性事件在很大程度左右了当地政府的风险决策,而公众能否通过正当的行使法律所赋予的权利参与到环境风险决策过程,取得合法审批的环境风险项目能否得以实施,是环境群体性事件的法治化解决方向。面对日益增多的环境风险,环境群体性事件的增多是前所未遇的或史无前例的实践,包括理论充实和制度建设。环境风险规制是应对环境风险的新的理论探索和制度尝试,是环境保护和环境法治的新领域。环境法领域从学术到实务都应义不容辞的面向、回应并持续性的保持,在理论阐述、原则确定、制度设计和有效实施等诸多方面伸展出"蛙跳式"的实际作为。

目录

第一章 环境风险解析 / 1
 第一节 风险与环境风险 / 4
 第二节 环境风险的基本特征简析 / 15

第二章 环境风险规制的现实困境 / 24
 第一节 环境风险规制的科技依赖性与法律的
    确定性 / 28
 第二节 环境风险规制的复杂性与法律调控的
    有限性 / 41
 第三节 风险规制的非线性与环境行政的僵化 / 52

第三章 环境风险法律规制理论扩展 / 68
 第一节 风险社会理论对环境风险规制的启示 / 70
 第二节 卢曼"系统论"对环境风险规制的分析 / 83

第三节 协商民主理论对环境风险规制的
　　　　指引 / 110

第四章　环境风险法律规制的路径选择 / 125
第一节 法律模式的演变 / 128
第二节 环境风险规制的反思理性 / 140

第五章　环境风险规制中公民权利的实现 / 147
第一节 实现风险沟通的环境知情权 / 149
第二节 实现风险沟通的环境参与权 / 159

第六章　结语 / 172

中外文参考文献 / 176

第一章　环境风险解析

环境问题是人类进化过程的共生现象,是人类在对自然进行改造的活动中相伴随产生的一种不利影响。环境问题与人类的进步历史相依并行。现代环境问题自17世纪被首次提出,在被誉为资本主义发展第二个"黄金时代"的20世纪五六十年代,伴随着经济高速增长而出现的公害及环境破坏以规模全球化的状态普遍发生,对人类社会造成了史无前例的深刻危害。

从环境法学研究来说,所谓环境问题是指"由于自然界或者人类活动,使环境质量下降或者生态破坏,对人类的社会经济发展、身体健康以致生命安全及其他生物产生有害影响的现象"[①]。从环境问题的发展历史来看,单纯的自然运动只有和人类的活动关联起来对社会生活产生影响才会引起人类社会的关注。所以人类社会关注的主要是由于人类活动引起的环境问题,即次生环境问题。

[①] 韩德培主编:《环境保护法教程》(第六版),法律出版社2012年版,第3页。金瑞林主编的《环境法学》的第一章第三节论述的是"环境问题"、汪劲著的《中国环境法原理》的第一章第一节中的第二目论述的是"环境问题及其本质"、吕忠梅著的《环境法学》的第一章第一节论述的是"环境与环境问题"、蔡守秋主编的《环境资源法教程》的第一章第二节论述的是"环境资源问题";日本学者原田尚彦的《环境法》的第一章序言部分论述的是"公害问题的产生与环境法",等等。这些教材以环境问题作为整本书的起点,从一个侧面也说明了环境问题是环境法学研究的起点。

对环境问题的关注与不确定性相关,环境问题本身反映着由于人类主动行为引发自然界对人类产生不利影响的可能性。只是在工业社会之前,这种自然界对人类的影响不管是范围还是程度都比较小,被人类社会所疏忽,故引起人类关注的是风险确实已经发生后的结果,可能性转化为现实性即环境污染和破坏的不利后果及其对不利后果的认识。

环境问题带给人类社会的不利后果日益成为人类社会发展的一部分。现代化进程进一步加剧了环境问题的恶化。在传统的经济模式下,人类从自然环境中获取资源,又不加任何处理地向环境排放废弃物,是一种"资源——产品——污染排放"的单向线性开放式经济过程。在人类社会早期阶段,由于人对自然的开发能力有限,以及环境本身的自净能力较强,所以人类活动对环境的影响不是很明显。然而在科技革命的推动下,工业革命促进了社会生产力的极大发展,同时环境问题日益严重,资源短缺的危机愈发突出。人们对环境的污染和破坏已经发展到威胁人类生存和持续发展的程度,特别是在20世纪60、70年代对发生在欧洲、美国、日本的震惊世界的"八大公害事件"的披露和随后对这些事件性质、原因、程度的分析,促使人们意识到必须通过法律的手段来应对环境问题,必须由国家和全社会采取行动来应对环境问题。

环境问题是持续渐进发展变化的,人类社会对环境问题的认识和理解同样也是在不断扩展深入的。在对环境问题的认识上,人们已经逐渐认识到环境问题不仅仅是技术问题,而是包括经济、政治、法律在内的综合性社会问题。社会问题,必须放在社会发展的大背景下解决。

在不同社会阶段人类发展所关注问题的侧重点是不同的。一般来说,人类社会历史的发展可大体分为四个阶段:(1)原始社会发展阶段;(2)农业社会发展阶段;(3)工业革命、发展及滥觞阶段;(4)后工业社会发展阶段。环境问题被人类社会所关注是在工业社会,环境法的出现是为了防治因工业化发展而引发的环境污染和生态破坏等问题。环境法的发展从运用传统工业社会以来所形成的法律制度来应对环境问题到逐渐发展出自己独特的理论体系来预防和控制环境问题。

随着科学技术的发展，人类社会出现了一些不同于工业社会的特征。1986年德国社会学家乌尔里希·贝克提出了"风险社会"的概念，用以描述后工业社会的某些综合性质。乌尔里希·贝克出版《风险社会》时，正值苏联切尔诺贝利核电站意外事故发生，他所提出的"风险社会"概念格外引人注目。在书中，乌尔里希·贝克从生态环境与科学技术的关系入手，分析了现代社会高科技所带来的高风险，指出了"高科技"与"高风险"之间的关联性：这些现代科技蕴含的风险能量愈来愈庞大，它所涉及的领域更为复杂，绝非单纯的技术问题，一个社会的政治结构、生产方式、决策过程，乃至发展阶段与知识水准都对风险的存在形态和影响范围有决定性的作用；相对的，风险也会改变我们的意识和行为，并且反过来对政治、经济、社会文化等制度有所冲击。① 乌尔里希·贝克将生态危机视为"制度危机"，以此来诊断工业文明所面临的困境，提出并形成风险社会的理论。乌尔里希·贝克是在分析生态问题的过程中提出的风险社会概念，并强调从制度的角度来理解风险的产生和解决，更具有实践性，因此"风险社会"一词也顺理成章地成为公共政策、科技运用与环保运动诸领域的核心概念之一。

从制度的角度来理解环境风险更有利于实现对环境风险的防控。以往环境保护的快速推行，主要得益于相关的技术支持或环境保护措施能够取得双赢的局面，如逐渐淘汰破坏臭氧层物质的使用等。然而这些措施的采用，从某种程度上也引发新的风险。

风险的防范需要引发环境风险的主体，尤其是利用环境资源的行政主体在其运行逻辑上作出彻底的永久性的改变，而这些行政部门往往对自然资源和环境自净能力有着较高的依赖性，甚至在某些情况下，正是这些部门的行为造成了严重的生态压力。环境保护的推行不仅要同这些部门所造成的环境压力相抗争，同时还要面对与具体行业中存在的特殊部门规制目标相协调的难题，因为经济、能源、建筑和农业规制的主要目标一直以来都是提供物质生产的条件，在总体上改善经济增长和就业条件，而这些目标的实

---

① 顾中华主编：《第二现代——风险社会的出路？》，台湾巨流图书公司2001年版，第22页。

现在某些情况下与环境自净能力的维护和资源的可持续利用是有冲突的。在环境保护的推进过程中,需要相应的制度设计能够遏制行政部门所表现出的只有在环境保护的要求不损害其部门根本利益的情况下才会考虑环境需求的倾向,通过社会的制度性安排,尤其是法律制度的安排,将环境风险的防范、资源的可持续利用与社会的各种生产性需求进行协调,实现整个社会的可持续发展。

第一节 风险与环境风险

"风险"(risk)概念源自西方。作为一个专门术语被发明出来是在中世纪的晚期向现代的早期转换阶段,它最早被发现存在于中世纪的文献中,伴随着印刷业的产生才出现在意大利语和西班牙语中。直到16世纪,"风险"一词在德国第一次以印刷的形式出现,17世纪经由法语、意大利语而进入英语。英文中"风险"概念逐渐发生了某些微妙的转变。这种转变与现代化的进程相关,特别是与早期重商主义资本家的商业探险活动有着直接的相关性,"风险概念的产生背景可以追溯到近代欧洲地中海一带频繁的商船贸易往来,风险概念被创造出来主要是为了形容商船在运输货物过程中可能遭遇的触礁或海难等因素招致损失的危险"。[①] 风险的本意是指冒险和危险,是对未知地理领域的一种探寻,表述的是一种空间的概念。在海上贸易的财产保障需求以及资本主义社会内部矛盾的驱动下,"风险"不再仅仅指一种可怕的力量,而是逐渐与人的决定和行动的后果联系起来,并被看做是影响个体和群体应对事件的特殊模式。正是在这种背景下,风险概念所包含的时间维度上的,尤其是理性的不确定性才凸显出来。[②]并进一步被作为理解一个时代的关键性概念所使用。

[①] Piet Strydom(ed.). *Risk, Environment, and Society: Ongoing Debates, Current Issues, and Future Prospects*, Buckingham: Open University Press, 2002, p.75.

[②] Ibid.

一、风险的现代意涵

现代意义上的风险概念已经有了一个比较明确的共识性含义,即"可能发生的危险"是一个面向未来的可能性范畴,并非是一个事实性范畴。"风险这个概念与可能性和不确定性概念是分不开的。当某种结果是百分之百地确定时,我们不能说这个人是在冒风险。"[①]在汉语中,虽然自古就有很多形容风险的词汇,但是直到现代汉语才出现风险这个合成词。《现代汉语词典》解:风险就是"可能发生的危险",危险就是不安全,遭到损失或失败的可能。《辞海》对风险一词做了比较全面的界定:风险就是"人们在生产建设和日常生活中遭遇能导致人身伤害、财产损失及其他经济损失的自然灾害、意外事故和其他不测事件的可能性"。也就是说从字面意义上来理解,风险是具有一定危险的可能性,或者说是有可能发生危险、形成灾难,或者产生不利影响,即风险具有未然性。

风险总是与毁损、不幸事故等不利影响相关联。在社会学者看来,"风险"与"危险"是不同的。"风险指的是在与将来可能性关系中被评价的危险程度,它只是在将来的社会中被广泛使用——这个社会正好把将来看做是被征服或者被殖民的范围。"[②]而危险概念适用于任何时期。[③] "风险"与"危机""灾难"也有着实质性的区别。"风险"概念是抽象的,谈"风险"是为了揭示问题,"风险"是尚未发生的"灾难"[④],而"危机"或"灾难"概念是具象的,意味着控制,更侧重于解决问题。严格地说,"危机"或"灾难"是"风险"的实践性后果,任何"风险"的发生都是将一种损害后果的可能性转化成为客观存在,对这种客观存在不能再称之为"风险",而应称之为"危机"或"灾难"。"危险""危机""灾难"都是一种不利的状态,是人类社会所极力去避免的一种结果。对于风险,不利结果出现只是一种可能性,人类社会需要做的就是

---

① 薛晓源、周战超主编:《全球化与风险社会》,社会科学文献出版社2005年版,第47页。
② 同上书,第47—48页。
③ 同上书,第4页。
④ 同上书,第38页。

对不利后果的避免。风险概念的发明本身体现的就是人们主动规避不确定性损失的一种努力。

对于风险的传统理解,它所关注和侧重的是重视风险的物质特性,强调风险的可计算性和可补偿性,并赋予个人理性发挥的空间;对于风险的现代解读,不仅要把风险看做一种物质特性,更要视为一种社会建构,从更宏观、更综合的框架上来深化对风险的认识。① 这一点从德国社会学家乌尔里希·贝克对于现代性风险的界定就可以看出来。

乌尔里希·贝克通过对风险的界定建立对现代社会的理解,他认为产生于晚期现代性的风险:"首先是指完全逃脱人类感知能力的放射性、空气、水和食物中的毒素和污染物,以及相伴随的短期和长期的对植物、动物和人的影响。它们引致系统的、常常是不可逆转的伤害,而且这些伤害一般是不可见的。然而,它们却基于因果解释,而且最初是以有关它们的(科学的或反科学的)知识这样的形式而存在。因而,它们在知识里可以被改变、夸大、转化或者削减,并就此而言,它们是可以随意被社会界定和建构的。从而,掌握着界定风险的权力的媒体、科学和法律等专业,拥有关键的社会和政治地位。"②

这一定义说明了风险的社会属性。现实存在的基于环境改变而对人类产生伤害影响的风险,在现代社会对其认知只能通过知识的解释而存在,知识在对环境风险的认知上起到了桥梁的作用,然而正是由于知识的解释作用,客观存在的源自于自然环境的伤害的可能性经过人类社会运用知识进行认知,形成社会所认可的风险。这个认知过程就是一个社会建构的过程,在这个过程中,风险的制造者、风险的实际承受者、专家、媒体、政治、法律起到复杂的作用,最终,源自于环境的风险经过社会的建构过程后,转化为社会性的风险,并进一步影响到社会的行动。

---

① 杨雪冬等:《风险社会与秩序重构》,社会科学文献出版社2006年版,第15—16页。
② 〔德〕乌尔里希·贝克:《风险社会》,何博闻译,译林出版社2004年版,第20页。

二、风险的现代性与风险社会的基本内涵

风险具有客观性,是一种客观现象。风险概念的渊源与资本主义的拓展有着密不可分的关联,反映着当时人们面向未来、趋利避害的主动追求和积极冒险精神,由此彰显了人类的一种主动认识世界和改造世界的主体性和能动性,这恰恰包含了韦伯所阐述的一种资本主义精神,也构成了当代社会理论家所分析的现代性的精神要素,是现代性的必然伴生现象和典型表现。

风险的概念发展呈现出一种进化的过程,逐渐的从统计决策概率的概念转变成为一个社会性的概念。著名英国社会科学家安东尼·吉登斯精辟地指出,风险具有明显的两面性:"它的本性决定了它导致危害性后果的可能性",同时,"它是经济活力和多数创新,包括科学或者技术创新的源泉"。① "风险是一个致力于变化的社会的推动力。"②

随着近现代以来在全球范围内资本逻辑支配下的现代性生长与发展,人类自身日益成为风险的主要生产者,风险的结构和特征发生了根本性变化。风险对于安全的追求,使得人们在更加复杂的社会构成上考虑风险的特性和应对。

乌尔里希·贝克对风险的现代性解读,并非只是将"风险"作为事物面上的一般性概念,运用到任何可能被观察到的利益或损失上,将其标示为风险或危险,而是将风险作为理解现代社会的关键性概念。它所表明的是一种文明,以便使主体自己的决定将会造成的不可预见的后果具备可预见性,从而控制不可控制的事情,通过有意采取的预防性行动以及相应的制度化的措施战胜种种(发展带来的)副作用。③ 风险的存在形态和影响范围对整个社会具有决定性的作用,正如贝克所言:"风险是预测和控制人类活动的

---

① 〔英〕安东尼·吉登斯:《第三条道路及其批评》,孙相东译,中共中央党校出版社2002年版,第139页。
② 〔英〕安东尼·吉登斯:《失控的世界》,周红云译,江西人民出版社2001年版,第20页。
③ 薛晓源、周战超主编:《全球化与风险社会》,社会科学文献出版社2005年版,第8页。

未来结果,即激进现代化的各种各样、不可预料的后果的现代手段,是一种拓殖未来(制度化)的企图,一种认识的图谱。"①

乌尔里希·贝克指出,人类历史上各个时期的各种社会形态从一定意义上说都是一种风险社会,因为所有具有主体意识的生命都能够意识到死亡的危险。② 的确,风险是与人类共存的,随着人类活动频率的加快、活动范围的扩大,其决策和行动对自然和人类社会本身的影响力也大大增强,人类逐渐成为风险的主要生产者,风险的结构和特征也发生了根本性的变化,产生了现代意义上的"风险"。

安东尼·吉登斯曾这样分析过"人造风险"的特点:"一是人为风险是启蒙运动引发的发展所导致的,是'现代制度长期成熟的结果',是人类对社会条件和自然干预的结果;二是其发展以及影响更加无法预测,'无法用旧的方法来解决这些问题,同时它们也不符合启蒙运动开列的知识越多,控制越强的药方';三是其中的'后果严重的风险'是全球性的,可以影响到全球几乎每一个人,甚至人类整体的存在。"③由于风险是一个时代和社会的特征,所以可以在此意义上认为出现了"风险社会"。

从社会结构历史发展的演进来看,风险社会是人类社会发展的必经阶段:封建社会的结构经过现代化消解后,产生了工业社会,而今天现代化正在消解工业社会,产生的即为风险社会。与古典的现代化不同,这一现代化过程是反思性的现代化,并且这一过程是颠覆性的。风险社会产生于工业社会,是对工业社会的反思和重构,新的风险社会的形成过程是工业社会"反思性现代化"的过程。工业社会的概念建立在现代性的普遍原则所固有的矛盾和工业社会制度的特殊结构之间,也就是说风险社会是现代性原则从工业社会里面的分离和限制状态中重新得以表现的结果,正是由于工业

---

① 〔德〕乌尔里希·贝克:《世界风险社会》,吴英姿、孙淑敏译,南京大学出版社2004年版,第4页。

② 〔德〕乌尔里希·贝克:《从工业社会到风险社会(上篇)》,王武龙译,载《马克思主义与现实》2003年第3期。

③ 〔英〕安东尼·吉登斯:《失控的世界》,周红云译,江西人民出版社2001年版,第155页。

社会的体制使得其自身变得不稳定了,政治风险、经济风险,甚至在一定程度上也蕴含了自然风险进入了集中爆发的阶段,"连续性成为了非连续性的'原因'"①。

从本质上看,风险社会是近代以来工业社会发展的必然结果,是现代性危机全面展示的社会。伴随着工业化的推进,现代化的过程确实提高了人类的物质生活水平。高度的现代性使我们拥有了从来没有过的丰富的联系与交往,个人、国家和整个人类的生存、发展都与整个世界(自然、社会、人的统一)的存在状态紧密相连。但是伴随着这种进步的副产品却是"简单现代化"的价值体系所带来的生态危机,把人类社会带入到高风险和多危机的阶段,而且这些问题无法凭借财富的增加而获得解决。乌尔里希·贝克曾指出,现代社会的风险来源不再是无知,而是知识;不再是缺乏对自然的控制,而是对自然日趋"完美"的控制。"在现代化进程中,生产力的指数式增长,使危险和潜在威胁的释放达到了一个我们前所未知的程度。"②核裂变的放射性污染、空气和水的毒化、森林的消失等工业化的"副作用"正带给人类不可预料的可怕性后果。风险随时都可能带来致命的、毁灭性的打击,但对此人们又无法精确预测。"风险社会从本质上讲是一个人力所难以完全控制和企及的社会,一句话,风险社会中的人类无法决定自己的命运和预知自己的未来。"③生活在现代社会中,就好比"生活在文明的火山上"④。

风险社会是对工业社会以来基于科技发展所形成的一系列特殊的政治、经济和文化因素对社会结构的冲击和影响的分析。在风险社会里,这些因素具有普遍的人为不确定性的特征,它们承担着现存社会结构、体制和社会关系向着更加复杂,更加偶然和更易分裂的社团组织转型的重任。安东尼·吉登斯也讨论了现代社会体制的反思性问题,试图超越现代/后现代的

---

① 〔德〕乌尔里希·贝克:《风险社会》,何博闻译,译林出版社2004年版,第9页。
② 同上书,第123页。
③ 杨春福:《风险社会的法理解读》,载《法制与社会发展》2011年第6期。
④ 〔德〕乌尔里希·贝克:《世界风险社会》,吴英姿、孙淑敏译,南京大学出版社2004年版,第100页。

讨论,而重新思考风险与信任、安全与危险之间的关系。他明确提出制度的反省性才是现代性独特的地方。

就生态危机而言,人们越来越清楚地认识到它已经不单纯是所谓的"环境问题",而是工业社会本身的一个深刻的制度性危机。对于环境问题的应对和解决,也需要从制度的根源上进行反思和解决。在风险社会中,对由技术工业发展所引起的威胁的不可预测性的认识需要对社会凝聚之基础的自我反思和"理性"的普遍准则和基础加以审查。① 风险社会的出现标示着现代社会发展的一个新阶段:社会的、政治的、经济的、个体的风险逐渐增加,超越工业社会所能监督与保护范围之外。②

风险社会通过对现代性的反思来构建一套新的"反省性现代化",以促使个体自觉的通过决策来评估风险、抑制风险,同时寻求各种途径来防止风险发生。③ 这也是个人风险意识增加后的必然要求。在风险社会中,"得到讨论的不仅有降低风险的要求,还有相关者在一个民主化的程序中在为将来所建立的场景(人类专业知识)的基础上评估风险和确定其合理的程度的发挥影响的可能性。"④也就是个人参与风险决策的现实可能性。

由于风险的不确定性导致风险认知的困难,风险决策"需要探究危险和不确定性的源头,特别是,由与社会相关的决策对个人自身和他人造成的在质和量方面的新的成果,也需要在后果与主观的风险接受性不一致的条件下予以深究"⑤。风险的可接受性的问题即具有了决定性的意义:"这不是探究事实上存在的风险接受性和接受度的经验性的问题,而是关于是否可以且如何找到对于不可避免的风险的可接受性的合意。"其中,"可接受性不同于接受,它是一个规范概念。它描述社会成员在特定条件下可容忍的每一个接受行为。""换句话说,这是关于在发展和引入现代科技时鉴于其难以估

---

① 〔德〕乌尔里希·贝克、〔英〕安东尼·吉登斯、〔英〕斯科特·拉什:《自反性现代化——现代社会秩序中的政治、传统和美学》,赵文书译,商务印书馆2001年版,第13页。
② 同上书,第9页。
③ 顾中华主编:《第二现代——风险社会的出路?》,台湾巨流图书公司2001年版,前言。
④ 刘刚编译:《风险规制:德国的理论与实践》,法律出版社2012年版,第9页。
⑤ 同上书,第11页。

量的后果而产生的社会政治的责任问题。"①风险社会承担着现存社会结构、社会关系和社会组织向着更加偶然,更易裂变的社团组织转型的重任。②

对于风险社会特征的认识,是反思工业社会政治结构变化的基础。"我们不能消极地对待风险,风险总是要规避的。而积极的冒险精神正是一个充满活力的经济和充满创新的社会中最积极的因素。生活在全球化的时代里意味着我们要面对更多的、各种各样的风险。我们在支持科学创新或者其他种类的变革中,可能应该表现得更为积极些,而不能过于谨慎。毕竟,'风险'一词的词根在古葡萄牙语中的意思是'敢于'。"③只有在对风险加以认真分析和思考的基础之上,妥善地找出解决的方案,才能最大限度地克服和减少风险给人类带来的不利和负面影响,并充分发掘寓于风险之中的机遇。正如乌尔里希·贝克所相信的:风险社会的来临并非代表着世界末日,而是新的机会与新的开始。

三、从风险的视角看环境问题

社会科学研究的惯例是"问题研究",把具有社会普遍性或具有典型意义的"问题"作为研究的初始和基点。环境问题是环境法研究的对象和前提;对环境问题的新发展,环境法学亦理所当然地予以回应。

环境问题是由于自然界或人类活动,使环境质量下降或者生态破坏,对人类的社会经济发展、人体健康以致生命安全及其他生物产生有害影响的现象。④ 就一般意义而言,环境问题可以分为第一环境问题和第二环境问题。第一环境问题是由自然界的活动所引起的,第二环境问题是由人类活动所引起的。而环境法学研究的环境问题,主要是指第二环境即由于人类

---

① 刘刚编译:《风险规制:德国的理论与实践》,法律出版社2012年版,第11页。
② 周战超:《当代西方风险社会理论引述》,载《马克思主义与现实》2003第3期。
③ 〔英〕安东尼·吉登斯:《失控的世界》,周红云译,江西人民出版社2001年版,第32页。
④ 对于环境问题的概念,环境法学界的定义是比较统一的,如吕忠梅著《环境法学》给环境问题的定义是"环境问题是指因自然变化或人类活动而引起的环境破坏和环境质量变化,以及由此给人类的生存和发展带来的不利影响"。参见吕忠梅:《环境法学》,法律出版社2004年版,第2页。概念的最终落脚点是"一种不利影响",而这种不利影响,包括已经实际出现的损害性后果,也包括一种损害性后果出现的可能性。

活动引起的环境问题。① 对第二环境问题的关注是基于法律对人的行为的调控作用,即通过法律对人的行为的指引和调控,减少由于人类活动而引起的环境质量下降或者生态破坏,最终有利于人类社会经济发展、人体健康、生物安全目标的实现。从不利影响的结果是否实际出现为划分标准,未出现环境灾难时的环境问题呈现出的是一种损害性后果出现的可能性,是风险。

风险是社会学家认识与环境有关的社会问题研究的起点,是涉及所谓"人类的终极关怀"的基本问题研究。在对风险的认知上,英国社会学家安东尼·吉登斯把风险分为"外部风险"与"人为制造的风险"。"外部风险"指的是来自外部的、传统或自然的恒定性所带来的风险体验,比如火山、地震、台风等。传统的观点认为,对于这种外部风险人类是无力应对的,只能是被动接受。但是某些极端性天气的出现,不能不说是人类活动影响环境进而改变自然力作用的结果。工业化、城市化的发展使得"外部风险"所导致的破坏力进一步加剧,对于外部风险的发生源人类可能还无力控制,但是与社会结构的复合作用,使得外部风险的破坏力进一步加剧。"人为制造的风险"指的是由于人类自身知识的增长而对整个世界带来的强烈作用所创造的风险,对于这种风险境况人类几乎没有历史遭遇的体验。②

环境法所关注的主要是由于人类活动而引起的环境问题,可以归为吉登斯所说的"人为制造的风险"。就人为的环境风险而言,可以说伴随人类历史的环境问题本身就是人类经济活动,特别是企业活动带来的结果。这类环境风险指的是由我们不断发展的知识对这个世界的影响所产生的风险,是我们没有多少历史经验的情况下所产生的风险。

对环境风险的定义,众说不一。亚洲开发银行关于环境风险的定义是:"由于自然或人为活动引发的,在自然环境中发生或经过自然环境传递,超

---

① 韩德培主编:《环境保护法教程》(第六版),法律出版社 2012 年版,第 3 页。
② 参见〔英〕安东尼·吉登斯:《失控的世界》,周红云译,江西人民出版社 2001 年版,第 22 页;〔英〕安东尼·吉登斯、克里斯多弗·皮尔森:《现代性——吉登斯访谈录》,尹宏毅译,新华出版社 2001 年版,第 194—195 页。

出人类社会最大可承受程度的危害生态、人体健康和社会财富的不确定事件。"环境法学界有学者将其定义为,"所谓环境风险是指由自然或人为活动引起,孕育于人—机—环境系统中,并通过自然环境的媒介作用,对人—机—环境系统构成潜在威胁的一种危险状态。包括这种危险状态爆发的可能性与不确定性,以及危险可能导致的危害性后果两方面内容。"①可见关于环境风险定义的核心在于环境风险是一种可能,意味着不确定。

环境风险是人类社会发展到风险社会阶段后环境问题的必然表现。工业革命以前人们对自然资源的不合理开发、利用所导致的环境破坏和资源浪费,是由于过分开垦荒地、滥伐林木、过度放牧等而引起的水土流失、土地沙化、草原退化、旱涝灾害频繁。对环境资源利用行为与其后对环境形成损害性后果之间的形成原理是人类现有的科学知识可以给出确定解释的。

工业化、城市化高速发展的同时,早期的工业"三废"(废气、废水、废渣)污染、噪声污染、农药污染等和延展的放射性污染、食品安全等导致公众健康深受威胁,引发人类社会对环境质量的扩张性和深刻性认识,推动环境保护和环境法治的深刻变化。与人类的生产、生活、消费活动相共生和伴生的超过环境容量的不适当的物质和能量排放,是环境科学所指摘的环境问题发生的基本原因。这些物质和能量对环境生态系统的影响是持续的,其损害性后果通常不会在短时间内就能够出现。这一历史阶段的环境问题不同于传统的环境问题,其影响的广度和深度已远超越了此前任何时期的环境问题。这是一个现代化的问题。

随着工业化的进一步发展,以科学革命为先导的工业文明在工业革命的各个阶段推动着科学、技术与工业在互动互益的基础上飞速发展并前所未有地日益互相结合,把社会生产力提高到令人难以置信的程度。同时,科学技术的发展几乎可以使人类随心所欲地改变并且在可见和可预期的将来更容易地改变人类的自然生活条件。科学机制已经渗入并充斥到人类生活

---

① 曾维华、程声通:《环境灾害学引论》,中国环境科学出版社 2000 年版,第 136—137 页。转引自刘长兴:《环境资源利用和保留的平衡——论环境法的风险预防原则》,载《环境资源法论丛》2003 年第 3 卷。

的全过程和所有环节,如同水银泻地,无孔不入。由于现代人类的活动与科学技术的运用呈现出密不可分的联系,使得现代科学技术发展和应用的科技理性主义在环境问题上愈来愈表现出"严重化"和"普遍化"的趋势,对人类的生存和发展产生了不可抑制的劣性影响。现代科学技术的发展对环境问题的日趋严重难辞其咎。这是科学技术发展的"双刃剑"作用的自然表现,它使得在更多情况下,环境损害多以灾难的可能性表现出来。

通过环境风险这个概念,对环境问题的分析可以进一步得到深入:因人类向环境中不适当的排放物质和能量而导致环境的物理的、化学的或生物的性能发生改变是环境污染,因不适当的从环境中攫取资源,是环境破坏。环境污染和环境破坏都是改变环境的生态平衡而对人类产生不利影响的结果。风险这个概念所强调的是一种可能性,是产生环境污染或破坏的损害性结果的可能性。所以,从发生的阶段性来说,环境风险是对环境产生损害性后果之前的一种状态,对环境风险规制的目的是降低风险转化为危险的可能性,将对环境可能产生的危险抑制在萌芽状态。

环境风险可以分为因污染物质的排放而导致的生态环境风险和因环境法律制度的实施而引发的制度风险。环境风险在人类的工业生产活动中,由于污染物质长期的低浓度排放,超出地区环境容量会导致环境质量的长期缓慢下降,对人体健康造成潜在的威胁,形成长期性的生态环境风险;安全生产事故、交通运输事故和自然灾害事故会导致某些污染物质的大量泄漏导致环境质量短期内迅速下降,引发急剧健康影响和生态破坏,形成突发性生态环境风险。生态环境风险是由于污染物长期的低浓度排放,整体环境质量下降而引发原有生态系统的失衡在客观形成对人体健康产生不利影响的可性能增大。由于高科技的运用,污染物质排放对环境质量的影响加剧了生态环境风险的不确定性和发生概率。

制度风险是由于客观生态环境风险的认知与科学知识的关联性而引发的社会制度层面的不确定性,以及这种不确定性对现有制度的冲击。科学的不确定性加剧了对环境问题认知的难度,越来越多的环境问题无法在科学上找到确切的解释。这就表现出一种深不可测的不确定性:在一般意义上,原本似乎可以通过科学原理予以确切解释并通过科学技术可以解决的环境问题,却随着科学认知的深入出现了相悖的情况,显现出一种巨大的不确定性。可以说,工业革命所产生的现代环境问题,基本都是人类向环境不适当的排入物质和能量(从环境科学的角度认为的超过环境容量的排放),改变了环境原初的物理、化学或生态方面的本底状态(环境基准,含种类、结构、系统及共生互动关系与过程等),从而给人类及地球环境造成了系统性和多样性损害发生的可能性。据此,可以认为,以"科学的不确定性"为基础的环境风险是环境问题或生态灾难发生的无可置疑的可能性,是"因人们被环境中的风险源包围而产生生命、健康、财产损害"的可能性,或者说是"人们活动所产生的环境负担通过环境路径,在某种条件下,可能给健康、生活系统带来影响"。① 并且在这个概念中还隐含了公正、信任以及社会认可度等问题。② 环境风险是一个复杂的社会构建。

第二节　环境风险的基本特征简析

环境风险是对生态系统的长期稳定的持续性和多样性的不利影响。这种不利影响会对整个自然界,以及依赖于自然生态系统的人类社会可能形成不利影响,包括但不限于直接或间接地对个体或公众的健康和财产造成损害。这种后果之一,也是最为直接被感应的后果是导致人类社会处于一种不安全的状态。

与风险相对应的概念是安全。对安全的需求是一个人类学的基本命题③,也是社会制度的目标。在现代国家所依赖的正当性基础上,保护其成

---

① 〔日〕黑川哲志:《环境行政的法理与方法》,肖军译,中国法制出版社 2008 年版,第 74 页。
② S. Rayner and R. Cantor, "How Fair is Safe Enough?: The Culture Approach to Societal Technology Choice", (1987) 7 *Risk Analysis*, p. 39. 转引自伊丽莎白·菲舍尔:《风险共同体之兴起及其对行政法的挑战》,马原译,载《华东政法大学学报》2012 年第 4 期。
③ 刘刚编译:《风险规制:德国的理论与实践》,法律出版社 2012 年版,第 82 页。

员的外部和内部安全是确定无疑、毫无争议的目的之一。① 美国前总统富兰克林·罗斯福1941年在美国国会大厦发表演说时提出的"四大自由"中,把免于恐惧的自由作为人类生存的基本条件之一。恐惧是一种人人都有的情绪,甚至可以说,所谓风险社会的形成正是基于人类对工业文明所带来的恐惧的感受。基于恐惧的对环境问题的关注在当下自然便以环境风险形式引起普遍性的关注。由于环境风险的长期存在性,以及对社会生活的深刻影响,使其成为风险社会的三大风险源之一。②

免于恐惧的自由要求社会提供一种将不正常的恐惧降低到最低程度的社会制度,换句话说,就是一种能够提供安全感的社会制度。从某种意义上讲,法律就是人类社会的一种安全机制。"如果法律面对处处存在的风险不能稳定安全机制,那么基础条件的陈旧过时和现代法律的基本功能应重新讨论。"③环境风险对我们习以为常的既有法律制度产生冲击,触及对现代社会具有构建意义的自由和安全的基本关系。而对于环境风险特征的认识,是法律得以对其进行回应的前提。

一、不确定性:环境风险的核心

风险概念本身就代表着一种不确定性。"统计学、保险学等学科把风险定义为一起事件造成破坏或伤害的可能性或概率,用公式表示就是:风险(R)=伤害的程度(H)×发生的可能性(P)。"④在人类学中,风险是一个群体对危险的认知,强调风险的社会集体建构性。⑤ 在社会学意义上,"风险的概念直接与反思性现代化的概念相关。风险可以被界定为系统地处理现代化自身导致的危险和不安全感的方式。风险,与早期的危险相对,是与现代

---

① 刘刚编译:《风险规制:德国的理论与实践》,法律出版社2012年版,第134页。
② 贝克在分析全球风险社会时将风险大致分为三类:生态危机、全球经济危机和跨国恐怖主义带来的可能性危险。贝克:《"9·11事件后的全球风险社会"》,王武龙编译,载《马克思主义与现实(双月刊)》2004年第2期。
③ 刘刚编译:《风险规制:德国的理论与实践》,法律出版社2012年版,第82页。
④ 庄友刚:《跨越风险社会——风险社会的历史唯物主义研究》,人民出版社2008年版,第29页。
⑤ 同上。

化的威胁力量以及现代化引致的怀疑的全球化相关的一些后果"。①"风险是预测和控制人类活动的未来结果,即激进现代化的各种各样、不可预料的后果的现代手段,是一种拓殖未来(制度化)的企图,一种认识的图谱。"②

环境风险不仅体现了这些属性,更是将不确定性作为其基本的特性。环境风险的不确定性有着深刻的社会基础。

从环境风险的出现来说,风险社会下环境问题与科学技术密切相关,如大气污染、水污染、温室效应、酸雨等,大多都是人类高度发达的科技"制造"出来的。高科技的发展(如核与生物技术、有毒的人工化学品工业等)更是带来新型的高风险性环境问题(如核泄漏、SARS病毒等)。科学认知的有限性难以预见所有技术应用上的后果,因而无法在环境问题发生之前预测并控制住所有的风险。比如滴滴涕(DDT)的环境危害,全球环境变化、转基因农业对生物圈的潜在影响等,都因为曾出现了出乎意料的后果,或被怀疑存在潜在无法估计的后果,而成为被关注的焦点。随着近代科学的发展,科学的专业化程度越来越高,高风险技术进一步发展,科学实践所面临的复杂性也越来越大,因而科学对于环境风险更加难以提供确定的判断。

当代高科技的发展,更增加了风险控制的不确定性。在传统科学的认识和发展中,科学结果一直是在能够准确控制评估的信念下通过测量计算得出来的,因此,科学变成人们可控制的工具,科技的成果和副作用也因而是人类所应享有和承受的,而这也是工业革命以来科学的正当性基础。但在一连串的生态灾难和风险之下,此种"可控制性、可计算性、可评估性"的科学典范正在被打破,科学上的巨大风险和认识上的不确定性,开始发展为人们"自作自受的不安全性"。这种不确定性加剧了环境风险的不确定性。

在法学研究中,已有学者从不确定性的角度谈及环境风险。如台湾学者陈春生提出,"环境风险是指对环境产生妨碍的可能,而此种可能是人类

---

① 〔德〕乌尔里希·贝克:《风险社会》,何博闻译,译林出版社2004年版,第19页。
② 〔德〕乌尔里希·贝克:《世界风险社会》,吴英姿、孙淑敏译,南京大学出版社2004年版,第4页。

的实践理性所无法排除的。"① 日本学者黑川哲志在《环境行政的法理与方法》中将环境风险作为环境行政的对象,"环境风险有时作为'因人们被环境中的风险源包围而产生生命、健康、财产损害'而谈及。有时作为'如下概念:人们活动所产生的环境负担通过环境路径,在某种条件下,可能给健康、生活系统带来影响'被概率性的表达"。② 虽然他强调在研究中"为了明确与损害或危害的区别,将作为表达环境污染所产生损害的大小和其发生可能性或期待值的概念来使用环境风险一词"。但不确定性问题是包含其中的。

对环境风险的认知依赖于科学技术,但环境风险更是一个社会建构的概念。现代环境风险完全逃脱了人的直接感知能力,人们需要科学的"感受器"——理论、实验和测量工具——将无法感知的危险变成可见和可解释的危险。在这个过程中,如何认知风险、评价风险,以及最终作出风险决策,是一个复杂的社会建构过程,在这个过程中,对于相关风险知识的传递与获取、社会认识的形成,以及环境风险决策权和决策过程等,都是难以确定的,表现为一种不确定性。而法律是以确定性和稳定性为特征的,如何在法律的确定性中容纳环境风险的不确定性,是环境风险规制的要义之所在,也是风险通过环境对人类社会造成的影响之一。

二、系统性:环境风险的表现

工业社会以来,环境风险的产生与现代化生产密切相关,甚至可以说就是现代科技投入生产后的"副产品"。环境风险本身是对生态系统结构和功能的改变,而对环境风险本身的认识需要科学的建构。正是环境风险的这种科技依赖性使得其表现出复杂的系统性特征。

风险的防范,取决于社会对风险的认知。而现今社会高科技所带来的高风险,不像收入和教育那样可以被直接感知,它要依赖于科学知识来确

---

① 陈春生:《行政法上之风险决定与行政规则——以规范具体化行政规则为中心》,载《行政法学之学理与体系(二)》,台湾元照出版公司2007年版,第146页。转引自辛年丰:《环境风险的公私协力——国家任务变迁的观点》,台湾元照出版公司2014年版,第106页。

② 〔日〕黑川哲志:《环境行政的法理与方法》,肖军译,中国法制出版社2008年版,第74页。

定。这样受害者的命运就交给了专家决定。但是专家以单纯的科学因果关系来推论复杂的风险或污染客观上都只会扩大风险的盲目性,而且高风险技术的实践①显示出现有的技术工程基本上都表现为一个个复杂的系统,由于各种故障状态彼此的交互作用,无论现有的安全设备效能有多高,总是会出现无可避免的意外。也就是说,"现代化的风险,并非单一的肇因原则可以解决的(如空气污染)"。② 就高风险技术而言,其除了毒性、易爆性或遗传危险外,还可能出现某些无从防范,甚至可以列入"常态"的意外事故,所以科学技术本身对其所带来的高风险也将束手无策,专家的权威在风险问题上被动摇了。

对于环境风险的回应、环境问题的解决不能单纯从科学技术上寻求答案,随着人类活动能力的加强和活动范围的扩大,其正确或者错误的决策与行为必将成为风险的主要来源,甚至人类最初为社会运转更加有效率,更加有秩序和更加安全而建立的法律制度,在具体运转的时候与设计之初差别很大,导致更多风险的出现,环境风险与社会体制的运作共同作用使其成为一种系统性的风险:

1. 环境风险发生的不确定性。工业社会的环境风险大都在对环境的损害性后果出现后引起人们的关注,如污染的河流、混浊的空气、荒漠化的土地等,都是我们能切身感知的,是一种实实在在的危险。这些问题产生的原因基本都可以通过科学给予明确的解释。对这类环境风险的防范,针对其发生原因对人类生产、生活活动的行为进行规制就可以产生明显的效果,减少或降低危害结果的发生。随着高科技的发展,引发环境问题的风险更加复杂,甚至出现新型的环境风险:由于人类对其发生机制以及解决机制存在认识上的"薄弱点"或"盲区",事先难以准确预测危害性后果是否会发生以及发生的时间、地点、强度和范围,其影响后果和种种危害是人类无法认知的,它们往往超出人类感知的范围,在人类认识能力之外运作。科技的迅

---

① 例如核电厂、核武器、基因(DNA)重组实验以及运载高度毒性或易燃、易爆货物的船只,都具有高度浩劫的潜在性。
② 顾中华主编:《第二现代——风险社会的出路?》,台湾巨流图书公司2001年版,第66页。

速发展有时甚至加剧了这种结果。

2. 环境风险危害后果的潜在性和不可逆转性。由于有些环境风险导致的危害具有长期潜在性,问题产生与后果的间隔长期性、发生概率不确定性、甚至风险与后果间的因果关系也存在诸多不确定性,会出现风险冲突点与发生点往往并没有明显的联系,人们即使远离危险源头也无法幸免的情形。环境风险"在它们所产生的苦难中,它们不再与它们起源的地方,即工业工厂相联系。从它们的本质上看,它们使这个行星上所有的生命形式处于危险之中"。① 复杂的社会运作加剧了人类对环境风险把握的不可感知性或不确定性,进而使环境风险在"潜在的、内在的"的传递与运动中,在技术发展与全球化的促进下,在不知不觉中悄悄逼近人类。

3. 不可控制性。传统的环境问题因局限于一定地域和可以直接感知,风险可计量、可预测,因而一定程度上是可以控制的。然而,高科技所带来的高风险,很难将其后果和影响具体化,甚至是不可能的。当前的许多环境风险变得极其复杂,不可预测、难以控制。环境风险的长期潜伏性(如有些化学品致癌风险,潜伏期长达 20—30 年,致变后果在几代之后才得以显现),这无疑增加了法律控制的难度;而危害的不可逆转性反过来更加剧了环境风险的复杂性。为此,吉登斯指出:对于人造风险,历史上没有为我们提供前车之鉴,我们甚至不知道这些风险是什么,就更不要说对风险的精确计算了。不断发展的技术和制度的完善,在为控制风险提供越来越完美解决办法的同时,却可能会带来新的更大的风险。

4. 影响范围的广泛性。传统的环境问题后果往往局限于某一个地区,只涉及有限的人员范围。而当前的许多环境风险已在现代化进程中变得无地域限制,具有更强扩散性。现代环境风险一旦发生,其后果扩散速度之快、范围之广,常超出人类当前所能控制范围。而且在因果关系上呈现出复杂的联系,一种环境风险可能与另一种环境风险(或其他风险)同出一源,甚至互为原因。在某些情况下,环境风险尽管总是遭到否认,但是它却能顽强

---

① 〔德〕乌尔里希·贝克:《风险社会》,何博闻译,译林出版社 2004 年版,第 19 页。

地存在,并且会悄悄地转化,甚至转变为另一类风险。如环境风险演变成经济风险、信任风险,最终转变为政治风险;最严重时还会转变为社会风险,导致整个社会处于崩溃的边缘。正如吉登斯所指出的:现代社会,"风险环境"空前扩张,风险氛围将是弥散的、总体性的,无人能逃逸其外。环境风险的这种既是本土又是全球的"时空压缩性"的表现,乌尔里希·贝克作出了世界风险社会的诊断。

三、制度性:环境风险的形成机制

环境风险不单纯是环境的问题,而是与工业社会的政治结构密切相关,可以说环境风险就是工业社会本身的一个深刻的制度性危机。以风险的概念关注环境问题,更有助于从社会制度的角度理解和控制环境风险,减少环境问题的产生。因为"风险的概念表明人们创造了一种文明,以便使自己的决定将会造成的不可预见的后果具备可预见性,从而控制不可控制的事情,通过有意采取的预防性行动以及相应的制度化措施战胜种种副作用"。[①]

受到启蒙思想家乌托邦式思考模式的影响,对于社会的发展人们往往从理性的观念出发,以自然科学规律性预测的观察方式将未来纳入他们所设计的单线单向结构中去,未来被描绘成依照社会发展规律运行的一系列社会事件的过程。现代性的理性思维模式要求人类的生存状况都可以由工具理性控制并使之可制造、可获取、(单个的、合法的)可解释。于是乎,形成于工业社会的制度往往以确定性为基础,并由此也产生了一系列的问题。

在乌尔里希·贝克看来,工业社会的核心问题之一是财富分配以及不平等的改善与合法化。"'工业社会'或'阶级社会'这样的概念,是围绕着社会生产的财富是如何通过社会中不平等的然而又是'合法的'方式实行分配这样的问题进行思考的。"[②]而在这个过程中,环境的承受能力是未纳入工业社会的制度结构中的,于是,伴随着工业化的发展是滚滚的浓烟和被污染的

[①] 〔德〕乌尔里希·贝克、〔德〕约翰内斯·威尔姆斯:《自由与资本主义——与著名社会学家乌尔里希·贝克对话》,路国林译,浙江人民出版社2001年版,第121页。

[②] 〔德〕乌尔里希·贝克:《风险社会》,何博闻译,译林出版社2004年版,第16页。

土地、河流,是被贝克称之为"工业化副产品"的生态危机。

在确定性思维指引下,充满着法规、规则和制度的现代社会中,各国进行了大量的环境立法,建立各项环境管理制度,试图通过约束人的行为来改进人与环境的关系。在这些法律制度保障下,似乎一切都是有秩序和稳定的,但这些法规和制度本身就是对社会系统复杂性和偶然性越来越高的抽象综合,是以引导社会系统走向风险性社会作为其代价的。法规、制度或组织都无法避免风险,而且法规、制度和各种秩序越严密和专业化,风险的可能性就越大。不但如此,它们甚至就是社会上各种风险的"罪魁祸首"。[①]也正是基于此,乌尔里希·贝克提出风险社会本身是一种制度性风险。

工业社会惯性模式下的制度体系本身也会带来新的制度性风险,这一点在环境问题的因应上表现得尤为突出,如各国颁布各种环境标准、污染物排放标准,建立征收排污费等制度。这些制度从某种意义上说是污染者花钱买排污权,"合法化""正当化"了风险的产生,"分散"污染者责任的承担:在环境标准的设定过程中,由于污染行为主体的非唯一性,立法机构越是宽泛地将许多种排放物质确定为环境污染源,或者越是严格地将很小的排放量也认定为构成环境污染,那么从法律意义上确证其排放污染物质和有毒气体的污染主体的数目就越大,每一个污染主体所分担的环境污染之责任也就越小。"换言之,立法机构将环境污染标准制定得越严格,环境风险和灾难的责任主体就越多,而责任主体越多,每一个责任主体所承担的责任就越小,而且还越容易造成相互扯皮、责任模糊、无人真正负责的怪现象,导致真正的责任主体缺位和虚位。"[②]

追问环境风险责任主体的另一个难题是,在工业社会日常生活中生产与消费链条中的每一个参与者均难以置身事外。如在全球变暖问题上,我们每个人的日常生活方式都与温室气体的排放有关,全球变暖确实已经给某些人群带来严重伤害,但是由于全球变暖的因果链条的复杂性,其法律与

[①] 高宣扬:《鲁曼社会系统理论与现代性》,中国人民大学出版社2005年版,第259页。
[②] 〔德〕乌尔里希·贝克:《从工业社会到风险社会(上篇)——关于人类生存、社会结构和生态启蒙等问题的思考》,王武龙译,载《马克思主义与现实》2003年第3期。

道德责任确实是难以厘清的,甚至是无法厘清的。因此,"标准的计算基础——事故、保险和医疗保障的概念等——并不适合这些现代威胁的基本维度"。①

环境法律法规的出台、环境标准的制定以及环境管理制度的执行,代表了某种程度的安全机制,对于风险的控制而言是必不可少的。以环境风险为表现的现代环境问题,是工业化过程的副产品,是现代化、技术化和经济化进程的极端化不断加剧所造成的后果。虽然经济学、政治学、法学都运用自己学科的原理解释了环境问题的成因,但毫无疑问的是,现代环境问题的本源是科学技术的发展与应用。环境污染和环境破坏是依托于科技进步的工业发展对环境影响的表象。现代社会,高科技所带来的环境风险已经不单纯是自然环境的污染和破坏,而是直接作用于人类本身,并对人类社会的政治、经济产生巨大的影响。面对自然以其特有的方式对人类所施予的改变作出的回应,即生态危机日益严重,人与自然的冲突日益尖锐,科学的正当性在现实的社会实体中已被瓦解,并冲击到社会制度层面对科学不确定性的接纳。作为安全机制的法律必然要对社会的发展进行再次的认知和回应,对环境风险的认知和回应的结果是环境法在实现环境风险规制过程中功能的拓展。

---

① 〔德〕乌尔里希·贝克:《风险社会》,何博闻译,译林出版社 2004 年版,第 19 页。

第二章　环境风险规制的现实困境

对环境风险进行预防和控制是法律规制的任务之一。纵观环境法的发展历史,法律对于环境问题的关注是从对环境造成的不利损害后果开始的,并由此一步步延伸到对不利后果出现前的人类行为进行规范和控制,以期预防和减少对环境造成不利的后果。

传统法律规制设定的前提基本是认可科学是可以证明的、以严格的技术为基础的手段都是有效的。随着现代科学技术的迅速发展,以及现代化对人类社会的深刻影响,环境法对于环境问题的关注更多地转向对环境问题发生可能性的关注,即对环境风险的关注。

对于风险的关注即风险管理涉及风险的感知和确认、风险分析和预测,以及风险评价和决策。这是环境风险法律规制必须要考虑的。风险管理最终指向一个目标,即不确定性的"把握":"在风险管理环节,所要追求的是在考虑社会和经济因素之后,把所有的风险都降到最低。"[1]以此目标关注环境风险的法律规制,为环境问题的预防和解决提供了新的思路,风险社会下环境法的发

---

[1] 刘刚编译:《风险规制:德国的理论与实践》,法律出版社2012年版,第49页。

展,就是要实现环境风险管理的法治化。

人类社会目前所处的后现代阶段内在的反思性使得我们不得不对传统法律规制的策略产生疑问。[①] 传统的法律试图通过运用"排除危险"或者"预防"这两个概念,来获得与未知性和不可权衡性相对的安全性:"一是法益的安全,即为所涉法益提供安全保障;二是法律的安全,即保证法律作为一个决定体系本身的可靠性和可预见性。"[②]相应的法律制度以实现此目的而发展出来。"将风险归位和防止外部化的风险体现的正是法律的核心功能。"[③]如私法通过民事责任制度的规定来实现这种功能,尤其是债法和侵权法通过规定谁必须承担风险来提供一种可预期的安全;国家通过公共保障的预防性警戒线来保护内外的安全。"保障有特殊的个体的风险自由及通过可预见的机制来保护法益的选择性机制的可靠性,是现代法律的安全功能的基础。"[④]对环境风险的分配和责任承担拓展了现代法律的安全功能。

在法律语境下,环境问题是因为人类活动改变了环境中原本的物理、化学、生物等特性而引起的对人类产生不利影响的后果。在环境问题的应对上,从事后的污染控制逐渐发展到对污染、破坏等损害性结果的防范,预防的理念得以确立。在实现可持续发展的进程中,预防或减少环境问题的产生是最有效、最经济的环境问题解决方法成为人们的共识,预防原则作为环境法的基本原则在各国的环境立法中得以确立。环境法对环境问题的预防,包括对科学能够作出确定解释、已知作用机理的环境问题的源头控制,也包括对科学知识无法给出确定性的判断依据,而具有危害结果发生可能性的环境风险的防范。环境法预防原则的贯彻实施,使其在一定程度上具有了未来预防的功能。

对于确定性环境问题的预防,主要是根据其作用机理采取措施防止其

[①] Daniel J. Fiorino,"Rethinking Environmental Regulation: Perspectives On Law And Governance", *Harvard Environmental Law Review*, Vol. 23 (1999), p. 4.
[②] 刘刚编译:《风险规制:德国的理论与实践》,法律出版社2012年版,第82页。
[③] 同上书,第83页。
[④] 同上书,第85页。

损害性结果出现。对具有不确定性环境风险的防范,"预防具有替代安全和确定性的功能。其一方面表现在将干预减少到最低限度的理想中,另一方面表现在自然和环境负荷能力的界限只能降低到不会对再造和吸收潜力提出过分要求的程度这一原则。"①从而,环境法的预防不仅包括对污染行为的预防,也包括对资源利用行为的干预,以通过资源的保护扩大环境容量进而增进环境负荷能力。

环境问题法律规制的重点已逐渐由事后的排放控制前移至针对基于人类活动引起环境质量变化而产生的损害性后果的可能性的防范控制,对环境造成实际的损害结果前的法律控制。相对于确定性环境问题所造成的损害性后果的防范,环境风险预防表现出更加难以琢磨的特性。环境风险对于法律形成的安全机制提出了新的挑战:"保护环境的预防性干预并非个别措施,而是持续性状态。"②正因如此,环境法所面临的任务是:第一,对已经出现的人身、财产损害或者不良的环境状况的事后救济;第二,对未来环境问题的预防,这类环境问题一定会出现,但现在尚未暴露;第三,环境风险,环境风险是指环境损害的可能性,包括环境遭受风险的可能性以及风险所致损害的严重性。③

针对形成机理比较清楚的环境风险预防,工业革命以来所形成的法律的确定性得到了有效的体现。传统环境法规制的典型做法是在科技发展到一定的水平,污染能够通过科学的技术测量和知识判断后,科技专家提供给立法者一个科学上的污染可接受值,通过法律规范设定污染物排放标准,强制企业遵守以减少对环境中排放的污染物质数量,企业若不遵守,则课以罚则。

这是一种命令控制的行政管制模式,也是各国针对环境污染的法律控制所惯常采用的规制模式。如针对化学工厂把有毒原料倾倒在垃圾场,以及废水流入河中造成鱼类死亡、用水供给受到危害,各国立法者纷纷制定

---

① 刘刚编译:《风险规制:德国的理论与实践》,法律出版社2012年版,第95页。
② 同上书,第89页。
③ 胡静:《环境法的正当性与制度选择》,知识产权出版社2009年版,第18页。

《固体废物污染环境防治法》《水污染防治法》等法律规范对倾倒者或者污染者的污染行为进行处罚,禁止或者限制人们污染环境的行为。

命令控制的规制模式对于危害物排放被确定需要控制的领域,以特定的污染源为规制对象,在监查能够到位的情况是有效的。并且这种方法在规制那些有害性已经明了的特定物质、行为,在遏制急剧扩大的产业污染方面起到了极大的作用,目前也仍然是环境规制的核心方法。然而随着社会的发展,城市生活型污染增多,环境污染呈现面源污染扩大的态势,加之高科技带来新型的环境风险,使得传统的环境法律规制呈现出一定程度的不适应。

这种"不适应"的背后,是工业社会以来所形成的单向思维模式在法律规制上的必然结果。长期以来,人们对环境问题的认识表现为一种单向的思维模式,"一般对生态问题的观察方式是从社会之内的原因出发的,并由此来追问关于后果的责任。所以,这种观察方式是依循着时间的方向,并且有个令人信服的论证,如果原因不出现的话,就不会有这些后果"。[①] 在这种模式之下,环境立法主要寻求环境污染和环境破坏的直接原因,而且拘泥于技术性原因,将控制的重点放在污染物产生后的排放限制或废物产生后的处理、处置方面,法律控制采用的是"头痛医头,脚痛医脚"的末端反应性政策;在法律责任的分担上,"人们是依据'肇事者原则'来分配负担与界定责任"。[②] 肇事者原则的基本操作是"在法律系统内,一切风险所引致的安全问题,一般而言都可依据损害赔偿法上的'因果关系法则',通过建立'违法性'与'应当负责'之间的关联,找到风险的肇事者,并借助民事、刑事或者行政责任达致补偿公正"。[③]

最终,应对传统环境问题而发展起来的环境法将各种环境污染的防治

---

① 〔德〕尼克拉斯·鲁曼:《生态沟通:现代社会能应付生态危害吗?》,汤志杰、鲁贵显译,台湾桂冠图书股份有限公司2001年版,第13页。
② 同上书,第14页。
③ 彭飞荣:《法律与风险:基于卢曼"二阶观察"方法的观察》,载《清华法律评论》2011第五卷第一辑。

和环境要素的保护当做彼此孤立的问题,防治污染甚至被作为单纯的技术问题。从而在污染防治的立法上,采取的是针对防治某种环境污染或者保护某一环境要素为目的的单项专门性立法模式;在立法的内容上,强调和突出的是防治污染的技术性措施;在法律控制的手段上,表现为"命令—控制"的模式,要求污染源在限定的时间内将所排放的污染物的浓度和数量控制在排放标准规定的限度内;在污染责任的承担上,遵循的是由肇事者原则演化而来的"污染者负担原则"。

面对现代环境问题所表现出来的科学上的"不确定性"和损害性后果的"不可逆转性"特点,深受自由主义行政理论影响的环境法,因无法证明破坏行为或者物质的有害性与环境损害结果之间具有因果联系,对污染行为设置禁止或者限制性规定也就失去了依据,违法性的认定标准上也出现越来越多的困惑。在追究污染者民事责任时,科学尚无法提供污染行为和损害结果之间直接因果关系的认定,污染者负担原则的贯彻受到一定限制,司法诉讼尚未能成为解决当事人之间环境污染损害的有效途径。面对环境风险所表现出来的新特征,需要从法律规制的角度对风险进行分析认识,进而促进环境法在规制理念、规制原则和机制方面作出新的发展,更好的解决环境问题,实现人与自然的和谐。

第一节 环境风险规制的科技依赖性与法律的确定性

对环境风险的认知、评估、法律规制在很大程度上依赖于科学知识。科学知识也一度成为工业社会的推动力量,在科学革命与工业革命后,科学甚至取代宗教成为具有支配性的知识系统,这样的观点曾经很普遍:科学并不作任何价值判断,独立、超越价值论述之外,科学知识纯粹客观的对风险或是需要作出解释。因为科学客观性的限制,也使得专业领域中的决策被认为不适于当做政治问题被表决、付诸公论。技术和知识被奉为一切的权威,是推动社会进步的重要力量。

由于科技知识的不断创新与累积,乐观的社会学家和未来学家曾经预言"工业社会"将逐渐走向"后工业社会"(post-industrial society),而这一变迁的方向是朝着对所有的问题都能够更有效而合理的解决的境界迈进。例如贝尔在1973年所发表的《后工业社会的来临》一书中就提出,后工业社会是知识社会,在这个社会里,最重要的集团是科学家集团,最重要的资源是科技人员,从而也就是科学与技术知识。在权力的中心,科学家和技术专家是统治人物,居于中心地位,因为他们是社会革新与制定政策的决策者。而且从前工业社会向后工业社会转变的那些基本特征,都是由于现代科学技术革命引起的。贝尔的乐观主义建立在对科技的完全信任之上,代表着西方自启蒙时代以来的主流思想,他们虽然也看到工业化所带来的各种问题,但是大多相信科技的更进一步发展能够为这些问题提供完美的解决方案。

然而正是这种对科技全然信任的理性主义,将人类拖入风险社会的阶段。现代生活最大的威胁已经不再是来自于天然的灾害,反而是大多数"人为"的科技文明引发的各种风险与灾害,这已是不争的事实。科学技术的发展与工业生产结合,成为环境污染最大的帮凶,并且在科学内部本身也存在着为环境风险解释和辩护的倾向。在面对现代风险时,科学的回答常常只是机率的多少,这些风险量化的概念总是专注在意外发生的可能性上;但是不论意外发生的机率有多少,只要意外一旦发生,便意味着毁灭。

一、科学技术与环境风险

伴随着全球现代化进程的推进,现代技术得到了勃兴与发展。"科学方法与机械技术相结合,将创造出一种'新工具',一种新的研究体系,它使知识和物质力量结合在一起。……他们不像那些旧式技术对自然过程给予温文尔雅的引导,而是使用力量去占有和征服她,直到动摇她的整个基础。"①在这个过程中,科学技术的应用为工业化的进行提供了力量的源泉,为人类

---

① 〔美〕卡洛琳·麦茜特:《自然之死:妇女、生态和科学革命》,吴国盛等译,吉林人民出版社1999年版,第189页。

带来了空前的征服自然和改造自然的能力。人类对于自然资源的控制与利用,已从某些动植物种群、某些区域生态系统,扩展到一切自然过程,甚至逾越地球进入太空。在控制和改造自然的技术活动中,人类大规模地消耗着煤、石油等不可再生资源,同时倾吐出大量"废物",这既导致了自然资源的枯竭,也严重污染了自然生态环境,产生了严重的环境问题。"人类有史以来从未像今天这样,被迫面对如此严重的强大的自然灾害。这些灾害的发生日趋复杂,而且其所造成的灾难性后果常常是无法挽回的。"①对于自然的改变也将人类带入了毁灭的边缘,生态环境的日趋恶劣直接威胁到了人类的生存和发展。

1. 科学技术的不确定性

根据词源学,绝大多数人认为科学是知识、学问、可靠性的积累。一直以来,由于科学在探究未知世界的过程中取得了巨大的成就,科学的发展为人类创造了前所未有的物质文明,科学被认为具有严密性、准确性、可预测性和可靠性,科学是绝对正确的客观真理,科学是最高的评判标准。科学在人类心中有着至高无上的地位。"在我们的社会中,承认科学知识所具有的较大确定性,已经相当广泛地成为常识的一部分了。"②科学知识的确为我们提供了许多确切的认识,如地球绕太阳运行。但是即使在确定的领域内,仍会遇到不确定性:有时是因为努力去完善知识,有时是因为所研究的系统自身固有的复杂性和混沌,例如气象。不过人们还是信赖大部分科学事实的确定性。③

随着科学认识对象的日益复杂,以及科技发展和社会相互影响愈发深远,科学认识能力的历史局限性凸显了出来,它在知识的生产、应用,以及利用知识进行决策的过程中,显示出了种种不确知或不知道(not-knowing),

---

① 〔巴西〕何塞·卢岑贝格:《自然不可改良》,黄凤祝译,生活·读书·新知三联书店1999年版,第59页。
② 〔美〕伯纳德·巴伯:《科学与社会秩序》,顾昕等译,生活·读书·新知三联书店1991年版,第24页。
③ 〔英〕上议院科学技术特别委员会:《科学与社会:英国上议院科学技术特别委员会1999—2000年度第三报告》,张卜天、张东林译,北京理工大学出版社2004年版,第11页。

这就是科学技术的不确定性,这种不确定性表现为科学和科学实践内部本质和外部联系的不确定性。

当然,科学也并不是一开始就承认知识的不确定性的,科学界直到风险相当严重的时候,尤其是在 1979 年美国三厘岛核泄漏事件发生后,才开始清醒理智的正视到知识的不确定性和易谬性。① 近代科学的进一步发展,对于知识的不确定性认识进一步强化。

近代科学的发展,特别是在数学和物理学上的突破,以及众所周知的"海森堡测不准原理"的提出,促使科学活动本身具有不确定性和不可判定性的事实逐渐被人们所认识和接受。由于在科学研究中,知识疆界的推进在大多数情况下靠的是观察与实验对假说进行的检验,受到人类自身探索能力的限制,科学对现实的观察表现出不确定性的特点;逻辑推理是科学研究的常用工具,这些规则确保了从假设或初始情况出发精确推演出来的命题的可靠性,然而在这个公理体系中总是有可能出现一个我们无法证明其真假的命题:这个命题将会是"不可判定"的。从而,科学,时常作为一台越来越复杂、越来越有威力的机器,一台人类能够更好地了解以便更好地支配我们周围世界的机器,从操纵它运转的机体深处——观察现实和演绎逻辑——冒出来这两个意料之外的奇特概念:不确定性和不可判定性。这就是科学活动的真实性。②

科学在应用、方法与理论三个层次都表现出了不确定性:"在技术层面上,知识的不确定性是被管理于标准的规则操作中,如运用统计,因此具有'不精确性'的特性,而此亦经常出现于应用科学上;在方法论上,如何在众多复杂相关的资讯中,有效的处理有价值及可信赖的部分加以运用判断,则是需要训练有素的专业技术人员,这方面包括医药界和科技工程界;最后,

---

① Funtowicz, S. and Jerome R. Ravetz(ed.), "Three Types of Risk Assessment and the Emergence of Post-Normal Science", *in Social Theory of Risk*, Krimsky and Golding (eds.), Praeger Publisher, 1992, p.256.

② 参见〔法〕阿尔贝·雅卡尔:《科学的灾难——一个遗传学家的困惑》,阎雪梅译,广西师范大学出版社 2004 年版,第 9—17 页。

在认识论上,科学不可确定性的争议为问题的核心,而此发生在高度复杂科学技术领域,如基因科技。"①而人类由于受限于自身认识能力的局限性,对复杂的认识对象必然地表现出认识结果的不确定性。

从科学知识的谬误性和不确定性观点出发,乌尔里希·贝克提出简单的科学是天真地建立在经验的怀疑论上,不但教条的限制科学研究的对象,也由此而宣称科学真理必须垄断于此种因果程序之下。同时,简单科学所宣称的真理,完全建立在科学的"假设"和"数据"上,而假设仅是一种推测的过程,并不代表完全正确,而数据则是制造生产出来的,因此所谓的"事实"是科学所制造出来的。"……不同的计算机、不同的专家和不同的研究所,将生产不同的事实。"②

科学的不确定性不仅影响着科学本身的发展,同时也深刻影响着社会的建构。"科学的不确定性的过程,基本上紧扣着科学由社会建构的事实,科学已非纯粹内在理性逻辑的运作,它必然同时牵涉外在的社会关系。"③换句话说,科学副作用的风险问题,基本上是由社会建构和决定的,例如毒物的污染值,或以近年来英国的疯牛病为例,其有关风险接受值的争议,根本上是政治、经济、法律和科学间妥协的游戏,这一事实也更加突显了科学的不确定性。④

2. 科学技术发展加剧环境风险的产生

环境问题的日趋严重有着深刻的科学技术根源,现代科学技术的发展和应用难辞其咎。自然环境的破坏、生态危机的出现,一方面是由于人类对于科学技术的滥用,另一方面也是科技本身在发展和应用过程中对环境无视的结果。"在对自然界进行观察以及在与自然对话的过程中,科学总是表现得谦恭、深沉,同时又是令人满怀敬意的,而技术总是高高在上,作出主宰一切的姿态。在大多数技术官僚把持的领域……技术变得野心勃勃,并且

---

① 顾中华主编:《第二现代——风险社会的出路?》,台湾巨流图书公司2001年版,第56页。
② 同上书,第57页。
③ 同上书,第57—58页。
④ 同上书,第58页。

经常是破坏性的。"①由于人的知识的有限性,在工业化过程中,特别是在进行大规模开发及"新技术得到发展的同时,必然会引起公害或者肉眼看不到的危害"②,这是无法否定的。即便预测到了新技术的开发应用对于生态环境的长远影响,在追求物质文明的动机驱动下,人们往往也会选择优先发展生产力,而将破坏、改变生态环境的后果留到以后解决,而且寄希望于科学技术的发展可以解决所有的环境问题。

科学技术本身的开发利用难以预见所有技术应用上的后果,因而无法在环境问题发生之前预防控制住所有的风险。比如滴滴涕(DDT)农药对环境的危害,全球气候变化、转基因农业对生物圈的潜在影响等,基本都是在出乎意料的后果出现之后,或被怀疑具有潜在无法估计的后果发生的可能性,而成为人类社会关注的焦点。

随着近代科学的发展,科学的专业化程度越来越高,高风险技术进一步发展,科学实践所面临的复杂性也越来越大,因而科学对于环境问题更加难以提供确定的判断。科学的不确定性加上当代高科技的发展,更增加了风险的强度。在传统科学的认识和发展中,科学结果一直是在能够准确控制评估的信念下经过测量得出来的,因此,科学变成人们可控制的工具,科技的成果和副作用也是人类所应享有和承受的,而这也是工业革命以来科学的正当性基础。随着生态灾难的不断出现和环境风险的增多,此种"可控制性、可计算性、可评估性"的科学典范正在被打破,科学上的巨大风险和认识上的不确定性,使人类社会处于一种更加不安全的状态。

3. 科学技术发展无法解决环境风险

科技乐观主义认为环境问题是科技发展的产物,随着科学技术的发展,环境问题也可以通过科学技术得以解决。目前在发达的资本主义经济体中,解决环境问题的标准方法就是引导技术朝着良性的方向发展:生产的能

---

① 〔巴西〕何塞·卢岑贝格:《自然不可改良》,黄凤祝译,生活·读书·新知三联书店1999年版,第64页。
② 〔日〕岸前纯之助:《作为第二自然的科学技术》,转引自〔日〕岩佐茂:《环境的思想》,韩立新等译,中央编译出版社1997年版,第18页。

源效率更高,汽车的单位里程耗油量更低,用太阳能替代矿物燃料以及资源的循环利用。"通过改变技术来降低对于环境影响有两种途径:一是降低单位生产的能源消耗;二是选择危害较小的替代技术。"①包括以限制各国温室气体排放为目的的《京都议定书》也强化了这种态度,鼓励各国将提高能源效率方面的技术改进作为摆脱环境问题的主要途径。

这些举措给人一种错觉:只要技术改进能够提高效率,特别是能源利用效率,并且采用良性的生产工艺,清除最严重的污染物,那么环境恶化的趋势就可以得到遏制。然而生态经济学家提出的杰文斯悖论告诉我们,提高自然资源的利用效率,比如煤炭,只能增加而不是减少对这种资源的需求。这是因为效率的改进只会导致生产规模的进一步扩大,从而消耗更多的资源。②另外,试图依靠采用新技术来解决旧技术引起的问题,往往会引起更多的,甚至更大的问题。例如"用核能来取代每年数以亿吨计的化石燃料,这种方案就是用大规模制造环境与生态问题的办法来'解决'燃料问题……它意味着将问题转嫁给另一领域,在那里制造越来越严重的问题"。③

对于风险社会下高科技所带来的高风险,不像收入和教育那样可以直接被感知,它要依赖科学知识来确定。这样受害者的命运就交给了专家决定。但是专家以单纯的科学因果关系来推论复杂的风险或污染客观上都只会扩大风险的盲目性,现有的技术工程基本上都表现为相互交错、彼此作用的复杂系统,导致现有的安全设备不管效能有多高,总是无法排除不可避免的意外。

就高风险技术而言,除了毒性、易爆性或遗传危险外,还可能出现某些无从防范,甚至可以列入"常态"的意外事故,所以科学技术本身对其所带来的高风险也将束手无策,专家的权威在风险问题上被动摇了。对于环境风险、环境问题的解决不能单纯从科学技术上寻求答案,从而客观的生态环境

---

① 〔美〕约翰·贝拉米·福斯特(John Bellamy Foster):《生态危机与资本主义》,耿建新、宋兴无译,译文出版社2006年版,第86页。
② 同上书,第88页。
③ 〔英〕E.F.舒马赫:《小的是美好的》,虞鸿隽、郑关林译,商务印书馆1984年版,第6页。

风险转化为社会认知的问题,从某种意义上讲,环境风险的产生在很大程度上是决策的风险,是由于科技的不确定性而引发的各种风险在多大程度上能够被社会予以接受的问题,也就是风险的"社会可接受水平"。基于科技的不确定性如何达到"社会的可接受水平",减轻或避免决策过程带来的社会风险对包括法律制度在内的社会制度而言都是必须面对的巨大挑战。

面对现代社会高科技所带来的高风险,为了减少其对未来的冲击与破坏,我们对于环境风险的考察必须放在政治、社会和伦理的大背景之下进行。而"科学既有追求客观规律的一面,又是一种包含(哲学)思想与信念的理论体系"①。它对于社会思维的影响也是巨大的,而人类思维模式对于环境问题的产生具有决定性的意义。可以说近代环境问题就是在工具理性的支配下,人类无视自然本身的内在价值而滥用科学技术所导致的恶果。因此对于环境问题的解决需要对传统的科技理性进行反思,从根本的思维模式上改变人类看待自然的态度。

二、环境风险规制的科技依赖性

科学技术的发展加剧了环境问题的产生,环境问题的认识与解决也离不开科学技术的发展,环境风险的法律规制使得环境问题与科学技术之间的这种紧密关联得到更进一步的彰显。

环境法对于科技的依赖性最直接表现在科学认知为法律规制提供依据:环境污染在科技发展到一定水平,能够通过科学的技术测量和知识判断某种特定污染物质后,由科技专家提供给立法者一个科学上的污染可接受值,通过法律规范将其规定下来,从而产生法律上的意义。在具体个案中,污染达到了何种程度,是否超过法律规范所禁止的界限,同样需要科学技术专家的鉴定与判断。"科技乃藉环境法之名而行统御之实,而法律上之公序良俗,被科技标准所淹没,法律沦为科技之工具,法律受科技所界限。"②不仅

---

① 雍兰利、范玉凤:《化解生态危机——从科技理性到生态伦理》,载《河北师范大学学报(哲学社会科学版)》2004年第4期。

② 柯泽东:《环境法论》,台湾三民书局1988年版,第6页。

如此,在具体的个案认定中,判定责任归属的标准大部分都必须依赖科学技术所作出的决定。"在环境法受此一机械、科学技术准则约束控制,致法律本质功能受限,致法官降居于形式地位,诚可认之为科技支配法律,科技支配法律推理之智慧与经验。"①

现代高科技的发展不仅仅加剧了环境风险,更深刻影响到社会的组织结构,对于环境风险的法律规制,必须以科学技术为基础,但这种依赖不仅仅是依赖科学技术提供认知的基础,甚至对环境法的权利义务分配,以及环境正义的实现均有重大影响。

1. 环境立法的科技相关性

科学的不确定性需要环境风险规制不仅要依赖于科学知识对于风险的认知和判断,也要依赖于在法律权利义务的分配过程中考虑主体对于科技的掌握和运用,即对风险源头的科学技术运用者课以义务。台湾学者叶俊荣教授根据环境法的科学技术性而提出环境立法所应当遵循的原则从一定程度上来说体现了对于科技依赖性内涵的拓展。他提出环境立法应当遵循下述五项原则:污染者付费原则、污染者解决原则、环境预防原则、科技促进原则和合作协商原则。② 这其中有两项原则都与科学技术有关,即污染者解决原则和科技促进原则。

污染者解决原则要求污染者承担提高污染防治科技水平的任务,以补充污染者付费原则的不足。由于污染者付费原则通过要求污染者承担其生产过程所引起的外部成本,迫使其降低污染,减少污染所造成的成本,固然在解决环境污染的"外部性"问题上可以起到一定的作用,但是也易于使污染者产生"花钱买排污权"的错误认识,从而怠于改变自己的行为以减少和治理污染。

与污染者付费不同,污染者解决原则进一步要求污染者承担提高科技防治水平的任务。即使企业愿意支付其污染所产生的外部成本,如果没有

---

① 柯泽东:《环境法论》,台湾三民书局1988年版,第6页。
② 叶俊荣:《环境政策与法律》,台湾元照出版公司2002年版,第92—96页。

制度刺激企业提高污染防治技术,长此以往,污染的总量仍然会高居不下,无法从根本上降低环境污染。通过污染者解决原则,要求污染者自行解决其所产生的污染,可以克服企业将治理环境污染的责任推卸给政府的情形。事实上,企业比政府更有机会了解各种污染物质的使用情况与污染状况,也最了解自己的原料、生产工艺和改善能力。污染者解决原则的贯彻,也可以避免政府在防治环境污染上的技术研究和资金投入,节约社会成本。① 污染者解决原则的贯彻落实,促使企业实际承担提高科技防治水平的任务,需要在立法中对规制手段作出适当选择,以调动企业的积极性和参与性。

科技促进原则要求政策的制定者在对企业提出管制要求的时候,要考虑当时的科技水平,也就是说对企业的管制要求应当是企业依据现有的技术水平能够达到的。如果要求过高,立法者或主管机关"强人所难"地作管制性要求时,法律的执行将困难重重,实施效果也将难以达到预期目标。例如美国的《清洁空气法》和《清洁水法》都承诺了"安全"的大气质量和水质量,号召制定成千上万的排放标准。其中1970年《清洁空气法》要求:从1975年开始,轻型汽车排放的碳氢化合物和一氧化碳必须在1970年标准基础上再降低至少90%。但是,在当时的技术条件下,这一规定无法实现。最终环保署在汽车公司的反对以及法院委婉的拒绝下,不得不根据现实的技术条件对环保要求作出调整。② 还有很多的排放要求由于没有考虑到环境问题的复杂性和当时污染防治科技能力的限制,在法令通过了大约三十年以后,其中规定的很多任务仍在艰难的贯彻执行之中。"科技促进原则的真谛,乃是建立在污染者解决原则的基础上,在订立环保标准或作其他管制性的要求时,不以既有的科技水准为限,甚至要求污染者设法做到当今科技所作不到的。此种对科技超越的动态性期待,正是科技促进原则的精髓。"③

---

① 叶俊荣:《环境政策与法律》,台湾元照出版公司2002年版,第93—94页。
② 〔美〕罗杰·W.芬德利、丹尼尔·A.法伯:《环境法概要》,杨广俊、刘予华、刘国明译,中国社会科学出版社1997年版,第64—66页。
③ 叶俊荣:《环境政策与法律》,台湾元照出版公司2002年版,第23页。

2. 环境风险分配的科技相关性

对于风险的恐慌,根本原因还是在于人们对环境问题给人类的生存健康安全所带来的威胁。为此,"规制者试图通过让我们免于或削减同特定潜在风险物质(如食品添加剂、危险化学品)乃至有潜在风险的人(如不合格的医生)的接触,来让我们的生活变得更加安全"。[①] 这就是风险规制。风险规制由两个基本部分组成,"技术部分被称'风险评估',旨在去度量和物质相关联的风险;而更具政策导向意味的部分称被称为'风险管理',是去决定对此要做些什么"。[②] 其中风险评估本身可以分为四步:确证可能的危险、画出计量—效应曲线,估算人体的接触量,对结果加以归类,风险管理。[③] 风险管理包含风险决策的最终作出,涉及决策的主体和决策权利的分配。风险管理一直以来受到人们的关注,然而风险评估阶段决定了风险的种类和大小,事实上已经包含了对风险的决策。概括而言,风险规制的过程就是筛选可能的危险确定规制的对象,通过科学的测算以标准的形式提供科学的依据,通过风险管理引导人们的行为在标准的许可范围内降低风险,从而实现对风险的防范和控制。

无论是风险评估还是风险管理,实质上都是风险的认知过程。在这个过程中,人们期望作为风险认知基础的环境标准应当是可以确保杜绝任何对健康或其他方面的不利影响。然而一方面何为"安全"的,科学技术也无法给出确切的回答;另一方面,生理学、毒理学和其他有关人体健康的科学所积累的研究表明,对于许多环境污染物质,特别是致癌物质来说并不存在严格的安全浓度标准。因此立法上对于环境标准水平的选择,只能是综合了政治、经济和技术等各方面因素的一种法律所认可的风险的"可接受值"。

科学的不确定性使得风险的"可接受值"表现为一个复杂的问题。乌尔里希·贝克结合现有的科学方法将污染的"可接受值"称为"虚伪的欺骗",

---

① 〔美〕史蒂芬·布雷耶:《打破恶性循环——政府如何有效规制风险》,宋华琳译,法律出版社2009年版,第1页。
② 同上书,第8页。
③ 同上书,第9页。

并指出所谓的"可接受值"逻辑上的错误。①

首先,环境风险规制所依赖的科学上的"可接受值"通常都是从实验室动物的反应所获得,但是,如何从各式动物的反应中推论出人类未知的反应呢？难道实验室里老鼠的反应,与教堂里的人一模一样？在方法论上的关键问题是:一个人可以忍受多少的剂量？这决不能单从实验室中得到。因为即使是动物,老鼠的反应也会和狮子不一样。

其次,环境风险的"可接受值"在人类社会中的不可监控性。因为既然人类的反应无法从实验室中的动物反应获得,在人身上的效用,只有在人的身上才能被研究,如此一来,社会就变成一实验室,只有将那些有毒物质放入流通之中,我们才会发现它的作用为何。而流通也的确发生了,有毒物质已经扩散到水、空气和食物链中,人们都已经分配到有毒物质了,就如同动物实验一样,只差还没将人关在密闭的实验室中而已。但是在实验室中,动物的反应也会被详细的纪录与分析,可是在实验以外,在人身上的实验确是发生了,但不幸的是,人的反应却没有引起注意,因为它是看不见的,除非有人报告他的确是受到某一有毒物质的伤害,并需要自身承担证明的义务。现有的法律制度体系将人类自身限制在科学实验的逻辑中。

从规制的角度来说,"可接受值"的设定,看似制定标准来对污染设限,其实是同意污染的存在。"可接受值"也许可以防止最糟糕的情况发生,但是从某种意义上来说它们也只是空白支票,在科学的发展下所创造出来的所谓"可接受值",使得无污染的要求反而被视为是乌托邦。假如人们允许有毒物质存在,他们就需要一个订定"可接受值"的法令,藉由宣称确实发生的污染是无害的,来使它们所允许的污染不曾发生过。但是设定"可接受值"水平的法令,乃是立基于一种危险的科技主义的错误,也就是:还未被包括或不能被包括进去的,就不是有毒的。认为那些设定"可接受值"的规范,以科学理性之名,否认那些受痛苦之人的恐惧与疾病。而那些施毒者便有其借口,可以站在受害者面前大声地说:我们(施毒者)都是在可接受水平

---

① 参见〔德〕乌尔里希·贝克:《风险社会》,何博闻译,译林出版社2004年版,第75—83页。

内,因此应被宣判为无罪。

乌尔里希·贝克从对科学技术发展进行反省的角度对环境标准设定的分析不无道理。将此问题置于人类社会长期以来所形成的法律秩序中进行观察,则不难发现,通过环境标准的设定来控制污染则是法律规制的必然选择。然而这种选择随着环境风险的进一步扩大而愈发的呈现出规制的局限性。

法律对于社会生活的控制是以现实生活为基础的,而人类社会发展的现实是:局限于科技发展的水平和人类的认识能力,在社会发展过程中对环境造成一定程度的污染和破坏是不可避免的,也是依靠科技进步所无法解决的,人类必须忍受工业社会所带来的高风险这一副产品。于是工业发展导致愈来愈多的社会成员直接或间接地面临生态环境破坏、污染及被迫迁移等威胁。而这些威胁的加速发生,更促成了不同社会群体间的冲突,例如污染者与被污染者、主张开发者与反对开发者等主体的对立。在经济结构上表现为资本大量集中、社会贫富差距持续扩大,同时,当金钱(经济增长的账面指标)向上流社会汇流时,许多经济的外部性或因环境污染所产生的社会成本却是由非主流社会或弱势族群来概括承受,导致"金钱往上流、污染往下游"情形的发生,而这种情形正是环境不正义的同位语。①

面对这一现实,国家通过法律重新权衡经济发展获利的强势群体与承受污染破坏、生态灾难的弱势群体之间的利益,通过环境标准控制污染者的污染行为,将污染限定在一定的法律所选择的"安全水平"之内,进而通过国家的财政投入,改善环境质量。

对正义的追求是法律的价值目标之一,然而法律也只能是尽可能的接近正义,实质的、绝对的正义是难以实现的。法律实现正义的途径在于利益的分配与平衡。由于浓厚的科技关联性,使得环境决策只能是"决策于未知"之中,从而导致环境决策的"是非"观难以处处显现,而充满浓厚的利益

---

① 参见王俊秀:《原住民生态智能的环境价值初探——环境正义的观点》,台湾成功大学环境价值观与环境教育学术研讨会,1997年。

衡量与"选择"的特点。①

换句话说,虽然环境法律控制与科学技术具有密切的联系,但是科学实验研究出的"污染的可接受值"并不能直接作为法律的要求,必须通过法定程序设定。而这个程序的设定,则包含了整个社会正义的实现问题。根据罗尔斯正义论的观点,社会不应当为了让一些人分享较大的利益而剥夺另一些人的自由;同时,也不应为了让许多人享受较大的利益而正当化少数人的牺牲。在环境问题上亦是如此。面对众多不确定性的环境风险,个体对风险的负担不能成为另一部分人获得风险利益的代价。

个体是风险的最终承担者,个体是否应当承担风险负担,以及在多大程度上承担环境风险,这就是风险决策所要解决的问题。环境法律应当设立公平的程序,提高公众参与环境决策的程度,在科学所提供的有限确定性范围内,以个体的风险认知为基础,形成社会性的风险共识,综合各种因素,衡平各种利益关系,作出适当的风险决策选择。充满不确定性的科学技术知识是环境法律控制的基础,它所提供的是最低的"安全"底线,然而到底"多少"才是安全的,这是一个度的选择,是一个价值判断的问题。在一定的选择范围内,政治的、经济的、社会的复杂因素都将被考虑进来,个体对于社会性风险决策的参与权就显得尤为重要,这也是由于环境问题本身的复杂性所决定的。

第二节　环境风险规制的复杂性与法律调控的有限性

法律作为社会关系的调节器,在环境问题的解决上具有举足轻重的作用,而对于环境风险的法律规制,由于涉及人类社会和自然环境,自然资源和社会资源、环境与经济社会发展等诸多领域,需要我们运用复杂性思维来考虑环境法律关系中的公民及其相互关系、各类组织及其共生互动和相互

---

① 叶俊荣:《环境政策与法律》,台湾元照出版公司2002年版,第140页。

依赖性,尤其是这种共生互动关系所表现出的相互作用。

环境风险的不确定性加剧了环境风险规制的复杂性。环境风险法律规制不得不考虑规制对象的认识能力、规制依据不确定性的解决,以及风险决策的复杂性,传统的以"命令—控制"为主导的环境法律规制面临巨大挑战。从另一方面来说,挑战也是发展机遇,环境风险规制的复杂性也为环境法的发展提供了新的动力。正如克劳斯·迈因策尔所说的:"法律系统和政府活动为市场提供了某种框架,在复杂系统的框架中,他们不可能免遭进化力量的冲击。它们在政治生态系统中,以自身的机制发生着进化,进行着法律的变异和选择。"①

一、规制客体认知的复杂性

知识是人们形成判断作出决策的基础,而这些知识通常来自人们以往生活经验的积累和长久以来所形成的思维模式。科学是人类对未知世界的探寻,科技知识是一种客观认识。科学知识通过人们的思维和社会相互作用,传递到人们的思想认识中,最终影响人的行为选择。后工业社会高科技所带来的高风险将科学的不确定性呈现出来,这种不确定性与个体的认知方式、思维模式共同作用,对环境问题法律规制、政策工具选择产生重要的影响。

1. 个人认知的特点

现代高科技发展所取得的辉煌成就使得人们在面对自然界时更加的狂妄自大,在许多情况下甚至无视自然界客观规律的存在及其有效性。现代人的狂妄,使他们在分析自然事物及各种其他事物时产生一种"简单化"的倾向。"世界越复杂,人们所创造的事物越复杂,人们越试图使之简单化,因为事物的复杂化,有助于训练人们以简单化的方式处理事物。"②

复杂问题简单化的思维方式在处理一些问题的时候确实起到了化繁为

---

① 参见〔德〕克劳斯·迈因策尔:《复杂性中的思维》,曾国屏译,中央编译出版社1999年版,第365页。

② 高宣扬:《鲁曼社会系统理论与现代性》,中国人民大学出版社2005年版,第32页。

简的作用,但这种简单化的思维方式并不是在对任何问题的认知上都是适用的。其结果是在对风险的认知上,公众的认识越来越多的呈现出与专家理性不一致的状况。"公众的'非专家'反应,反映出的并非是价值的差异,而是对风险相关的基础事实的不同理解。"① 这种理解根源于公众认知的自身特点。

人们对风险的认识首先依赖于直觉感受。然而"一个引人注目的事例能够极大地影响我们的所作所为,即使这个事例不能揭示出任何统计真实。正如我要强调得那样,显著的、鲜活的实例会使人们对微小的风险作出过度的反应。而当实例并不显著或鲜活时,人们会对微小的风险掉以轻心"。② 这样的认知特点导致人们往往高估一些实际发生概率和危害后果很小的风险,而低估一些发生概率和危害后果都很大的风险。

在需要专业知识对风险进行判断的场合,人们又表现为"直觉毒理学家",对于安全的追求采用的是绝对安全的标准,似乎认为产品或过程要么"安全",要么"不安全",没有看到这实际上是一个程度的问题。考虑风险时遵循简单的和具有误导性的规则使得公众的判断与专家的判断形成鲜明反差。如"在几乎所有专家所开列的风险阶梯中,都认为有毒垃圾处理场以及核电站的风险是最低的,而公众却似乎对这些风险最为关切"。③ "面对两个同等的风险,公众可能会理性的更为厌恶或惧怕,那些非自愿遭受的、新的、难以觉察的、不可控制的、灾难性的、迟延的、会危及未来世代的或有可能伴有痛苦或恐怖的风险。"④

当人们缺少直接或者可靠的信息时,他们在很多时候就会受其他人想什么和做什么的影响,产生一种连锁效应,"成百、成千或者成百万的人们接

---

① 〔美〕史蒂芬·布雷耶:《打破恶性循环——政府如何有效规制风险》,宋华琳译,法律出版社 2009 年版,第 43 页。
② 〔美〕凯斯·R. 孙斯坦:《风险与理性——安全、法律及环境》,师帅译,中国政法大学出版社 2002 年版,第 2 页。
③ 参见〔美〕史蒂芬·布雷耶:《打破恶性循环——政府如何有效规制风险》,宋华琳译,法律出版社 2009 年版,第 42 页。
④ 同上书,第 43 页。

受同一个观点仅仅因为他们认为别人也这么想"。① 对于"核能"的恐惧,以及"疯牛病"造成的欧洲牛肉生产的大混乱都是这种连锁效应的表现。当然,对他人的依靠通常是基于理性的。但是人们也可能会被引入歧途。当社会性影响造成信息连锁效应,那么仅仅是因为受到同样信息不足的其他人的影响,人们会对微小的风险产生恐惧。而且当意见相似的人们相互之间进行交流的时候,会造成大家的观点都趋于极端。连锁效应会促使公众要求对很小的风险也采取规制措施,而当风险规模实际上很大的时候,公众却往往很少或没有规制的要求。②"如果人们非常关心飞机事故的风险,那么当局就会对航线采取积极的规制措施,甚至减少利润也在所不惜。如果人们担心废弃的危险垃圾,那么很多资源将会被用于清除这些垃圾,即使其风险是较小的。"③

由于人们依赖直觉感受作出判断,在很多场合会被误导,而且在有效连锁效应的影响下,相同的客观信息会被用来支持极不相同的观点,这取决于连锁效应是否发生以及发生哪一种连锁效应。因此,某一风险可能变得突出,受到广泛关注,成为严格规制的对象,而另一个在专家看来严重程度相同的风险却被看成是"日常生活的一部分"④,进而影响到立法的选择与规制。

2. 个人认知对环境风险规制的影响

享有良好、健康、适宜的环境作为公民的一项基本权利已经为大多数国家的立法所承认。随着个体环境意识的提高,个人对于环境污染、资源破坏、物种灭绝等问题的关注程度也随之加深。通过渲染和公开一些相关问题,甚至一个单独的问题来制造吸引眼球的头条新闻引起人们的关注,借助个人认知的特点所导致的社会连锁效应形成强大的社会压力,以推动环境

---

① 〔美〕凯斯·R.孙斯坦:《风险与理性——安全、法律及环境》,师帅译,中国政法大学出版社2002年版,第46页。
② 同上书,第47、364页。
③ 同上书,第43页。
④ 同上书,第105页。

保护政策和法律的出台,已成为一些环境问题得以解决的方式。美国拉夫运河(Love Canal)危险废物污染事件促使美国国会迅速制定《综合环境反应、补偿及责任法案》即可被看做是公众认知直接影响环境法律规制的典型案例。①

1942年到1953年期间,胡克化学和塑料公司将21,000多吨工业废弃物倾倒进拉夫运河,这是纽约州一条原汇入尼亚加拉河的废弃的干涸运河。该公司将倾倒的工业废弃物(当时未对废物分类,现依"严格管理"原则属于被列表的危险废物,其中包括多氯联苯和二噁英)进行未经无害化处理的填埋处置后,以1美元的价格卖给了尼亚加拉瀑布教育委员会。当地政府开发了这个地区,将其变成一个拥有两百多幢房屋的居民区。该居民区于1957年建成,相邻旧运河遗址的众多新房屋构成了一所学校和一个体育场。

经历几年接连的百年不遇的汛期后,1976年运河溢过了堤岸。该年一个负责监控大湖环境变化的美国—加拿大联合小组在安大略湖的鱼身上发现了一种名叫"灭蚁灵"的杀虫剂并予以公开。此后,纽约市环境保护部很快就将拉夫运河认定为此种杀虫剂的一个主要来源。1976年10月,一份当地报纸在头版报道说该地区的居民很担心拉夫运河对人体健康造成的影响。骇人听闻的消息开始迅速散播,信息连锁效应和群体化效应在这里发挥了作用。在当地媒体的推动下,这些信息引发家庭主妇吉本斯的注意,并将这种健康危害的可能性与自己孩子的患病联系起来。她在该地区挨家挨户地组织请愿,形成了"一套固定的说法"。最终在吉本斯的带领下,拉夫运河事件演变成为一场公众环境保护运动,给政府带来了巨大的压力。公众对于拉夫运河事件的关注对《综合环境反应、补偿及责任法案》的出台起到了关键性的作用,而这部"超级基金法案"要求在五年内投入16亿美元的资

---

① 有关该事件的详细介绍参见〔美〕凯斯·R.孙斯坦:《风险与理性——安全、法律及环境》,师帅译,中国政法大学出版社2002年版,第97—100页。〔英〕马克·史密斯,皮亚·庞萨帕:《环境与公民权——整合正义、责任与公民参与》,侯艳芳、杨晓燕译,山东大学出版社2012年版,第12—16页。

金用于废弃物堆放地的清理。从此以后,美国人一直把废弃物堆放地列为国家最严重的环境问题,国会继续在清理垃圾运动上投入大量的资金,迄今为止,已经拨付了 200 余亿美元进行此项活动。

但是当时纽约州卫生署没有找到强有力的证据,时至今日也没有证据可以证明拉夫运河的污染曾经对任何人产生了严重危害。后续的研究也没有发现染色体变异和环境污染有关。环境保护署在 1982 年进行了一项异常细致的研究,考察了从进行疏散的地区和其他抽样地区搜集到的 6000 个土壤、空气和地下水样本,结果发现拉夫运河"并没有受到环境污染"。同一年卫生及公共服务部(DHHS)发现这个发生紧急事件的地区"和其他受到控制的地区相比,同样适合居住"。

从这个案例中我们不难看出,"在各种环境危害并存的背景下,即使相关性能够被发现,流行病学研究的复杂性也会使得一种特定解释的影响力依赖于研究协会的力量;由于污染的因果关系很难建立,因此环境责任和法律责任的落实也是成问题的"。① 由于科学的不确定性,环境风险的法律规制演变成专家理性与个人认知对社会的政治性影响,"卡特总统下令实施的全部疏散,并不是基于综合性公共健康的分析,而是基于媒体对居民中染色体损害的可能性报道"。②

由于个人的认知所关注的往往只是复杂问题的一面,而不能看到风险是成系统的,是复杂的,对系统某一部分的控制也会对其他部分产生影响。甚至在一些情况下,个人认知还会受到一些利益团体的利用来抵制不利于己的规制措施。所以个人的直觉是相当不可靠的,虽然在一些场合他所形成的公众压力对于环境法律规制起到了积极的促进作用,但是在环境问题的认识上如果对个人认知不加以理性的引导和控制,则有可能会导致法律和政策的无效,甚至起到相反的效果。

对个体认知的影响,源头在于个体获取何种信息。正如高宣扬教授所

---

① 〔英〕马克·史密斯、皮亚·庞萨帕:《环境与公民权——整合正义、责任与公民参与》,侯艳芳、杨晓燕译,山东大学出版社 2012 年版,第 16 页。
② 同上。

指出的:"……后现代的信息变成为发射者和接受者及其间传递媒体所构成的信号系统。按照这样的定义,发射者成为信息的起源(source),也就是一种'原因'(cause)。作为原因和起源,发射者显然就具有某种力量和能量,具有某种垄断权和优越地位,某种发出实际效力的权力(power)源泉;与发射者相比,信息的接受者就处于'惰性'(inertia)的地位。根据这样的信息内在结构,信息的产生、传递和运作,主要决定于发射者。发射者就成为整个信息系统生命的决定性因素。信息的上述变化,对于当代社会信息的生产和再生产及传递,具有重要的社会意义;它在很大程度上影响着整个社会的权力结构的变化,也影响着整个社会为争夺权力的再分配以及争夺对整个社会控制权的斗争架势。"①

个人认知的特征及其对环境风险法律规制的影响,使得信息的公开与传递在环境风险法律规制中具有更加重要的意义。有关环境风险的各种信息由谁公开、在多大程度上公开、以何种方式公开,以及如何通过信息的公开与传递减少人们对高科技所带来的高风险的恐慌,以一种平和而积极的态度对待各种风险,成为环境风险法律规制所要解决的难题。

二、规制依据确定的复杂性

对于环境风险的认识与解决要依赖于科学技术,然而在对某一具体环境问题采取法律规制时,即使科学研究已经提供了非常多的依据,但受到各种相关因素的影响,在具体实践中其所表现出的结果未必就和科学研究的结论相一致,而某些领域科学的不确定性更加剧了问题的复杂性。美国政府在对饮用水中"砷"的规制就凸显了决策依据不确定所带来的作出规制决策的困难。

任何一个稍有常识的人都知道砷是有毒的物质。然而砷在大自然中是非常普遍的,多年来美国环保署有关砷的规定一直将50微克/公升作为饮用水中砷含量的最高限度。但在过去的十年间,一些证据表明在50微克/

---

① 高宣扬:《后现代论》,台湾五南图书出版公司1999年版,第166—167页。

公升以下的范围内,砷也可能有很大的副作用。最主要的证据来自于智利、阿根廷,尤其是台湾地区的流行病学研究,这些研究发现接触300—600微克的砷就可能引发人体的严重疾病,如各种癌症和其他副作用。①

于是国会要求环保署提出新的关于砷的标准作为立法的依据。同时,国会还让国家科学院和环保署研究砷对人体健康可能产生的影响,以协助标准的制定。此前国家科学院下属的国家研究委员会为此所做的报告中对于砷的副作用的研究很少,而其中意见一致的研究就更少。在没有确定结论的情况下,国家研究委员会还是较为认可台湾地区的研究(虽然台湾人和美国人由于饮食习惯以及当地的健康习惯不同,受到砷的威胁的程度是不同的),并通过线性推理,得出在低于50微克/公升的接触范围内患癌症的风险,随后建议环保署大幅度降低它的现行标准。

实际上在砷的问题背后是一个很强的技术性问题,即接触少量的砷可能带来多大的危险。然而科学研究无法给出确定性的结论,环保署最终的规制决策是在科学技术要求基础之上对各种标准进行了成本收益分析后形成的。成本主要是供水系统全部安装新的设备的开支,而收益的计算要涉及生命与健康的量化和非量化的收益,并且这些收益要通过一系列的转化工作来与成本进行比较。而这个比较的过程,成本的计算方法、生命健康转换为货币的表征等,也存在一系列的不确定性。现有的科学能够证明的只是一些收益的范围,而不是具体的收益数字。成本收益分析只是提供一种用以了解不同行为可能产生的潜在后果的方法,最终法律规制决策的形成还是要在对理性人所可能持有的不同价值观进行判断的基础上作出。②

另外一个关于滴滴涕管制的案例更进一步说明环境法律规制决策的形成不能单纯依赖于科技技术的判断,涉及很多其他的众多因素,从而呈现出复杂性的特征。环保主义思想的经典著作《寂静的春天》阐述了科技、自然

---

① 《联邦纪事》第66卷第7001—7003页。转引自〔美〕凯斯·R.孙斯坦:《风险与理性——安全、法律及环境》,师帅译,中国政法大学出版社2002年版,第198页。

② 参见〔美〕凯斯·R.孙斯坦:《风险与理性——安全、法律及环境》,师帅译,中国政法大学出版社2002年版,第201—209页。

及风险之间的关系,引发了现代环保运动,促成了对滴滴涕使用禁令的发布,甚至促成了美国环保署的诞生。但是在滴滴涕这一个案中,出现了另外一些情况。2001年,许多穷国开始使用滴滴涕作为防止疟疾肆虐的最便宜和最有效的措施。这些国家(大部分是南部非洲国家)的官员都了解滴滴涕的副作用,但是他们认为,为了防止疟疾致死人数的快速增加,值得承担这种风险。事实上,使用滴滴涕有效地降低了疟疾造成的死亡。尽管数以百万计的人们受到了滴滴涕的影响,世界卫生组织仍然声称滴滴涕"唯一能够被确认造成损害的那些案例","是由于严重的意外或自杀性注射"。① 滴滴涕似乎确实是人体致癌物,但这点并没有完全搞清楚。没有显著的证据表明滴滴涕使癌症患者数量激增,或对人体产生其他副作用。

蕾切尔·卡逊女士认为滴滴涕对鸟类有毒性并且能够对许多鸟类造成严重的繁殖问题,这是完全正确的。但是至少在禁止使用滴滴涕的早期阶段,禁令对人和动物都产生了明显的负面效果:一些替代物毒性极强;一些非常昂贵;一些没有效力。瑞典在1969年最先禁止使用滴滴涕,但是当发现替代滴滴涕的杀虫剂效力偏低,以致每年要遭受1500万美元的损失时,瑞典又取消了禁令。在某些领域,替代品本身产生了毒性。某位分析家总结说:"禁令造成的健康损失要远远大于健康方面的收益……完全禁止滴滴涕是有害的。"②

正是由于科学的不确定性无法为环境风险决策的形成提供充分的证据,而且从纯粹的科学实验研究到人类社会的实践应用,中间还要涉及众多其他因素的影响,因此最终法律规制决策的形成还是要在对理性人所可能持有的不同价值观进行判断的基础上作出,即形成"风险的社会可接受水平",即环境风险规制由一个科学事实问题演变为一个社会价值判断的

---

① Aaron Wildavsky, *But Is It True? A Citizen's Guide to Environmental Health and Safety Issues*, Cambridge, Mass: Harvard Univesity. Press, 1995, p. 61.
② 〔美〕凯斯·R. 孙斯坦:《风险与理性——安全、法律及环境》,师帅译,中国政法大学出版社2002年版,第17页。

问题。

在社会价值判断的过程中,建立一个合理可接受的风险水平与风险认知息息相关,专家的科学分析结果固然重要,民众对风险的了解却多以一般知识与过去生活经验认知为基础,再加上现代风险多涉及高度的科技性,专业术语常令民众产生距离与不信任感,从而在环境问题的法律规制决策选择和处理过程中产生很多矛盾冲突。环境风险规制最终演变成为对科学依据的选择确定以及形成风险的社会可接受值并最终作出决策的问题。

三、规制决策的有限性

美国法学学者凯斯·R.孙斯坦在《风险与理性——安全、法律及环境》一书的绪论中开篇就以德国心理学家迪特里希·杜聂尔(Dietrich Dorner)设计的实验来说明个体在复杂系统中决策选择可能造成的最终影响。杜聂尔实验的目的是观察人们是否能降低社会风险。该实验是通过电脑进行的,参与者被要求采取措施减轻地球上某些地区的居民所面对的痛苦和危险。这些问题和风险包括污染,贫穷,缺少医疗保障,农作物肥料不足,牛瘟,缺水,或者过度狩猎和捕鱼。依靠电脑的模拟,许多主动性的政策是可采取的,如增强对牛的照料,加强儿童的免疫接种,挖掘更多的井。参与者能够在其中自由选择。一旦选择了特定的措施,电脑就会预测该地区在短期和未来几十年内很可能发生的情况。

在这些实验中,成功是完全可能的。有些措施确实能够产生有效的和持续的改善。但是许多参与者,甚至是受教育程度最高、最专业的参与者都造成了灾难性的后果。之所以会这样是因为他们只关注单个的问题,而没有看到特定干预会带来的复杂的系统性的影响。只有极少的参加者能够多看几步理解干预所带来的多重影响并且评估这对系统的一次性干预所带来的广泛后果。成功的参加者似乎是通过实行较小的、可逆的步骤或者一次性地预见全部的后果来避免自己犯大错。①

虽然杜聂尔的实验在一定程度上是人为的,但是环境风险的法律规制已经显现出多元主体在环境问题解决上的复杂作用。目前,国家在环境问题的解决中扮演着举足轻重的角色,大量的环境立法采用的都是命令控制的模式,赋予国家行政机关广泛的行政权力,实施环境管制。然而环境问题的复杂性也使得国家在有关环境的决策中,并不一定都是正确的,政府的决策也不可能预见到其对社会干预所带来的多重影响。事实上政策失误已经是加剧环境问题的重要因素之一,而且这一因素的影响往往涉及范围广泛,不仅造成严重的环境问题,还会产生很多其他不良的社会后果。

这种因为规制决策不利而导致环境风险剧增的案例在我国环境保护历史上不在少数。例如,我国在20世纪80年代末为了解决社会供求矛盾、调整产业结构,国务院制定政策对一些产业、产品的生产和发展进行重点支持,其中造纸、电镀、皮革、印染、焦化等产业均在鼓励和支持的范围内,结果在全国范围内兴起的这些造纸、电镀、皮革、印染、焦化等"十五类小型企业"的迅速发展,最终导致了全国各地环境污染泛滥成灾。为了遏制进一步的环境污染,国家又不得不出台新的政策对那些曾经支持和鼓励的大批高污染行业的小企业予以取缔和关停。到1997年年底,全国共取缔、关停造纸等严重污染环境的企业六万五千多家。② 虽然后续的环境保护政策使得全国污染排放总量明显下降,但是已被污染的环境难以恢复原状,而且国家在经济上也承担了巨大的损失。前后迥异的政策实施也使得在现实生活中环境保护与经济发展的矛盾在无形中被放大,对于可持续发展战略的实施产生一定的负面影响。而且政策实施的不连续也影响了政府施政权威,进而波及环境风险的法律控制。

在许多场合政府的看似合理的行动有时是鼓励低效能的,而这些低效

---

① 参见〔美〕凯斯·R. 孙斯坦:《风险与理性——安全、法律及环境》,师帅译,中国政法大学出版社2002年版,第1—2页。
② 参见全国人大环资委法案室编:《政策、规划实施后造成不良环境影响的若干事例》,载《中华人民共和国环境影响评价立法资料汇编》2002年11月,第190—193页。

能反过来又会引起环境的毁坏。例如,对农业的能源投入和对伐木和开发牧场实行补贴、公共行政部门排污不承担责任、按补贴的价格提供一些公共服务(如电、水和卫生设施)以及公共土地和森林的低效能管理等。[①]

政府规制的有限性迫切需要对于环境风险的法律规制改变现有的以政府为主导的模式,在环境立法上应当拓宽环境民主参与形式,重视相关主体之间的协同合作,增强风险承受者实质性参与风险决策的权利。公众的有效参与不仅有助于调动各种环境保护力量,提高环境风险法律规制的效果,而且可以制约环境行政决策的出台与执行,减少决策性的失误。

第三节 风险规制的非线性与环境行政的僵化

在笛卡尔机械论和还原论哲学思想指导下,现代科学和现代工业发展把人与自然、生物与环境之间的有机联系割裂开来,从而未能正确地处理人类与自然(生物、环境)之间的关系问题,引发严重的环境问题直至生态危机的爆发。这种以社会、经济和生态不可持续发展为代价的发展模式,严重损害了生命和自然的多样性,也导致了社会不公正,损害后代发展的可能性,最终使人类陷入困境之中。同时这种思维模式也限制了社会对于环境问题的应对,使得在工业社会的发展图景中,风险成为社会发展的一部分。

应对环境风险,需要从工业社会自身的结构中找寻应对的路径。通过对工业社会发展的反思,现代科学的发展认识到传统线性思维模式对整个社会结构的影响,并发展出复杂性思维来认识和解释当下的社会。复杂性思维有力地解释了环境风险的特性,为环境风险的法律规制提出了应对之途。作为社会系统之一的法律对此作出反应具有一定的滞后性,但复杂性思维很好地解释了依靠行政管制对环境风险进行规制的不适应,对环境风险的法律规制具有积极的指引作用。

---

① 汪劲:《环境法学》,北京大学出版社 2006 年版,第 21 页。

一、从线性思维到复杂性思维

科学技术的突飞猛进，在人为创造力方面显出惊人的效果，不但使现代人有可能比以往任何时候都无法想象的程度进行任意的创造活动，创造出璀璨的物质文明和生态环境恶化的副产品，同时也改变了社会结构及其功能，以及人本身的思考模式及观察和认识世界的手段、方法和程序。

1. 机械论导致线性思维

长期以来，西方科学被一种机械论的世界观统治着。按照机械论的世界观，自然是僵死的、被动的，世界就像是一个庞大的自动机，一旦给它编好程序，它就按照程序中描述的规则不停地运行下去，为了弄清机器的秘密就必须拆开零件，即把整体分解成尽可能小的单位，然后拼合起来。整体和部分只有量的区别，进而推论整体与部分是同质的，任何复杂的整体都可以还原为简单的部分。

在机械论世界观看来，大自然原则上被看做是一个巨大的确定论的保守系统，一旦确切知道了它的起始状态，就可以预测其未来或追溯过去的每一时刻的因果事件。[1] 为了认识自然，在研究上采用的方法是把自然界分解为各个部分，分门别类地、孤立地去研究各种自然现象，从而在思维上习惯于"把自然界中的各种事物和各种过程孤立起来，撇开宏大的总的联系去进行考察，因此，就不是从运动的状态，而是从静止的状态去考察；不是把它们看做本质上变化的东西，而是看做永恒不变的东西；不是从活的状态，而是从死的状态去考察"。[2] 在机械论世界观的认知下，世界、人、动物都如一台机器，它们由分割开的部件组成，也可以还原为基本的部件。人与自然、思维与事物是相互分离、各自独立、不能统一的。从生态哲学的视角看，工业文明时代之所以会出现环境问题和生态危机，是由该时代简单性机械论世

---

[1] 〔德〕克劳斯·迈因策尔：《复杂性中的思维》，曾国屏译，中央编译出版社1999年版，第2页。
[2] 〔德〕马克思、恩格斯：《马克思恩格斯选集》（第三卷），人民出版社1995年版，第360页。

界观所造成的。①

机械论世界观是一种线性思维方式。经典科学的解释原则设定:"现象的复杂的表象可以从某些简单的原理出发加以解释;存在和事物的惊人的多样性可以从某些简单的元素出发加以解释。简化的思维方式通过分割和化归的方法应用于这些现象。分割不仅使对象彼此孤立,而且使对象孤立于它们的环境和它们的观察者。在同样的运作中,分割性的思维还使学科彼此孤立,并使科学变成社会中的孤岛。至于化归的方法,它把不同的或多样的事物或者统一于最基本的东西,或者统一于可以量化的东西。因此化归性的思想把'真正的'现实性不是给予整体,而是给予元素;不是给予性质,而是给予量度;不是给予存在物和存在活动,而是给予可形式化和可数学化的陈述。"②

传统线性思维方式概括起来主要有以下四个特性:连续性或无断裂性,自然界无跳跃;确定性,导致多种形式的决定论;可分性,还原论和构成论由此导致否定事物间的关联性和系统的整体性;可严格预见性、否定随机性和偶然性,否定事物的突现与生成。③ 这种思维方式认为任何明显的无序性都是我们暂时的无知的结果,人们认为在这表面的无序性后面隐藏着有待发现的有序性;为了研究一个现象或解决一个问题,需要把它们分解为简单的要素;将归纳——演绎——同一性的逻辑视为"绝对真理"。④ 正如阿尔文·托夫勒在《混沌与有序》一书的前言里所说的,当代西方文明中得到最高发展的技巧之一就是拆零,即把问题分解成尽可能小的一些部分,然而却时常忘记把这些细小部分重新装到一起。

线性思维模式对人类社会的影响是深远的,不仅环境问题的恶化和解决受限于科技发展,以及线性思维模式的影响,人们对于政治、经济问题的

---

① 秦书生:《复杂性技术观》,中国社会科学出版社2004年版,第122页。
② 〔法〕埃德加·莫兰:《复杂思想》,陈一壮译,北京大学出版社2001年版,第13页。
③ 金吾伦:《复杂性思维的特征》,载《学习时报》2005年8月29日第7版。
④ 〔法〕埃德加·莫兰:《论复杂性思维》,陈一壮译,载《江南大学学报(人文社会科学版)》2006年第5期。

解释也受到相应时代的技术的、物理的和生物的概念影响。

在17世纪,托马斯·霍布斯受机械自然观的影响,力图把伽利略和笛卡尔的运动定律从力学移植到人类学和国家理论中,提出了近代社会的机械论模型,把国家描述成一台机器("利维坦"),其公民就是机器中的嵌齿轮;重农主义将经济系统描述为由齿轮、发条和钟锤组成的机械钟装置,是按照预先编好程序功能的顺序执行系统。洛克、休谟和斯密的自由主义思想则具有明显的牛顿物理学的历史背景,仍然是用机械论的观点来分析经济运行的。斯密用类似于牛顿的万有引力的"看不见的"力来解释市场机制,认为市场机制是由供给和需求来调节的,由供给和需求所推动的竞争者的微观利益成为市场平衡中的宏观福利以及"国家的财富",借助某种"经济人"或机械发条,微观利益被拉动到共同的平衡宏观态。

一般而言,一些古典经济学家力图通过标志线性和机械性模型的某些特定的假设,来减少经济实在的复杂性。然而某一事物总是依赖于其他事物,这样的方程将是耦合的、非线性的,特别是现代高技术工业的经济行为和技术创新的效应,需要用复杂系统的非线性动力学来建模,约翰·冯·诺伊曼和奥斯卡·摩根斯顿的《博弈论和经济行为》(1943年)就开创了一个非线性数理经济学的时代。复杂系统探究方式的关键之处在于,从宏观的观点看,政治的、社会的或文化的秩序并非仅仅是单个意向的加和,而且还是非线性相互作用的集体后果。非线性系统具有若干个可能的平衡态,但没有最终的稳定态。①

2. 复杂性思维的兴起

现代科学的发展动摇了经典科学的解释原则。在自然科学中,从激光物理学、量子混沌和气象学直到化学中的分子建模和生物学中对细胞生长的计算机辅助模拟,非线性复杂系统已经成为一种成功的求解问题方式。科学思想随之发生了根本的转变,相继产生许多新兴科学理论,如一般系统

---

① 〔德〕克劳斯·迈因策尔:《复杂性中的思维》,曾国屏译,中央编译出版社1999年版,第305—343页。

论、突变论、耗散结构理论、协同学、超循环理论、混沌学说、分形理论等,这些科学理论统称为系统科学或复杂性科学,它标志着人类的认识已由线性科学进展到非线性科学,对系统的研究已由简单系统转向复杂系统。

社会科学也重新认识到我们生活在一个复杂的非线性的世界中,处在有序和混沌的边缘。正如《从混沌到有序》的作者、诺贝尔奖得主普利高津(Ilya Prigogine)所指出的:人们认识世界的角度和方法,应当超越牛顿思维的束缚,实现根本性的转变,即"转向多重性、暂时性和复杂性";人们应当认识到,我们是生活在一个多元论的世界之中。

复杂性的思维方式以信息、控制、系统三论为基础,包含着关于组织的理论所必要的工具,主要是冯·诺伊曼、冯·弗尔斯特和普利高津关于自组织的观念。两重性逻辑的原则,循环的原则和全息的原则是其重要的组成部分。信息论、控制论和系统论的"三论"从总体上把我们引入了组织化的现象的宇宙,在那里组织的产生是由于既反抗无序又依赖无序;两重性逻辑(dialogique)的原则把在表象上应该互相排斥的两个对立的原则或概念连接起来,它们实际上是不可分割的和对于理解同一实在不可或缺的;组织性的循环的原则超过了反馈的原则——它超越了调节的概念而成为自我产生和自我组织的概念;全息原则揭示出某些系统所含有的明显悖论:不仅部分处于整体之中,而且整体处于部分之中。由此可以看到复杂性思维方式提出了一定数量的源自三论和自组织观念的思想工具,也发展了它自己的思想工具。但这个复杂性思维方式绝不是排除确定性以便建立不确定性,排除分割以便建立不可分割性,排除逻辑以便允许对逻辑规则的任何违反。相反地,它的做法是不断地往返穿梭于确定性和不确定性之间、基本元素和总体之间、可分割性和不可分割性之间。①

不确定性是复杂性思维的重要特征之一,用著名的科学家普利高津的话说:"腐朽"的确定性,即确定性已腐朽了、终结了,而必须代之"不确定

---

① 〔法〕埃德加·莫兰:《论复杂性思维》,陈一壮译,载《江南大学学报(人文社会科学版)》2006年第5期。

性"。当然这样说可能有点绝对化,事实上,如成思危教授所指出的,"系统在远离平衡的状态下也可以稳定(自组织),确定性的系统有其内在的随机性(混沌),而随机性的系统却又有其内在的确定性(突现)"。但不确定性是基本的,确定性是它的特例,这是因为世界的万物变化充满着随机性和偶然性,由此决定了事物变化的不确定性。①

复杂性思维对整体与部分的认识表现出不可分离性。按照复杂性的观点,自然界没有简单的事物,只有被人简化的事物。传统思维所认为的可分离性或可还原性把复杂事物作简单化的处理,简单地把整体看做是部分之和,并且通过部分即可了解整体的性质。这种简单化处理方法背景是机械论宇宙观。混沌理论则告诉我们,由简单的零部件组成的简单的系统将会产生极其复杂的行为模式。因而在复杂适应系统这种大型的多主体的自组织系统(如经济系统、社会系统)中,管理的最佳方式必然是有序性与无序性彼此适中的结合。其中有序性用以保证整体的协调性,无序性用以使得各个组成单元能够在各个局部因地制宜、因时制宜地实现最佳可能性,从而达到整体功能最优。提出"复杂性范式"的埃德加·莫兰(Edgar Morin)在系统论的范围内提出过"整体小于部分之和"的原则来补充"整体大于部分之和"的原则,以避免把整体性原则绝对化,其意为系统中应该容许存在一定的无序性以保证组成单元发挥其创造性的自由度。②

复杂性思维是一种新的认识论:首先,对于复杂的非线性系统,复杂性思维范式告诉我们,如果要想比较全面地认识其本质状态,那么我们就需要尽量从认识的各种不同的层次、不同的角度、不同的途径将问题提出来,而不能满足于那种一因一果的简单解释。其次,我们应当重视复杂系统中的各种要素及其相互关系,以一种整体思维来把握事物性质和规律。我们在考察和分析事物时,要把事物放在一个系统整体中作全面、动态的研究,深入全面地考察事物内部诸因素、事物与其生存环境间的相互作用、事物演变

---

① 金吾伦:《复杂性思维的特征》,载《学习时报》2005年8月29日第7版。
② 陈一壮:《有序性、无序性和主体能动性》,http://www.studytimes.com.cn,2006年12月访问。

的原因、机制与阶段,探寻整体内各部分科学而有机的组织机制,并最终实现整体大于部分之和的正效应。再次,复杂性思维范式要求我们重视复杂系统中的各种要素及其相互关系,从事物不断变化的过程中,从事物与周围环境要素的关联上来考察和分析。最后,复杂性思维范式要求我们掌握非线性的方法论,关注系统的非线性特征。

潜在的混沌是非线性系统的本性,一个系统中微小的不确定性通过反馈耦合而得以放大,分叉点上引起突变,也就是系统对初始条件具有极大的敏感性,即使是一个简单微小的变化也可能产生惊人的复杂性,从而令整个系统的前景变得不可预测。因此,在一个复杂的非线性世界中,复杂性思维要求我们排除那种对复杂系统演化进行长期预测的妄想,而坚持一种有限的预测观。①

由于非线性关系是相互作用的,这种相互作用使得整体不再简单地等于局部之和,而可能出现不同于"线性叠加"的增益或亏损,从子系统到大系统,不仅有量的积累,更主要的是发生了质的飞跃。在复杂的系统中,"只有良好的愿望而不考虑到个别决策的非线性效应是不够的。线性的思维和行动能激发起全局性的混沌,尽管我们局部的行动带着最良好的愿望"。② 同样,在环境问题上也是如此。人类利用科学技术追求生产力的发展,追求物质文明的演进都是良好的愿望,然而却产生了严重的环境问题和生态恶化。在环境问题的解决过程中,也需要我们摆脱线性思维的局限,认识到问题的复杂性,充分发挥各种力量的作用,这也是通过法律手段解决环境问题时所应当采用的一个新的思维方式。

二、环境风险规制的复杂性

从哲学上看,复杂性科学的研究使人们发现自然界存在着一类新的,更普遍的,既确定又随机的混沌现象及其特有的非线性规律,说明世界本质上

---

① 杨小军:《复杂性思维与科学发展观》,载《理论与现代化》2006 年第 6 期。
② 〔德〕克劳斯·迈因策尔:《复杂性中的思维》,曾国屏译,中央编译出版社 1999 年版,第 13 页。

是非线性的,从而把人类认识到的自然现象及其规律性由两种扩大到三种,即在必然性现象及其动力学规律和偶然性现象及其统计规律中,增加既必然又偶然的混沌现象及其非线性规律;以及从科学方面说明了三种现象的转化关系。而现今将环境问题作为一个社会问题,对环境风险的规制需要从整个社会结构入手的思维逻辑与复杂性思维是不谋而合的。在对环境问题的认识上,生态系统中所有事物都是相互联系、相互作用的理论,以及物种的多样性、丰富性和共生对生态系统稳定的重要性等描述,充分体现出当代复杂性思维的诸种特征。

面对环境问题和环境风险,人类社会首先的反应是"反对污染和资源消耗",其中心主题在于保护"发达国家人民的健康和财富",它主要考虑的是污染和能源损耗问题,只注重环境危机的短期效应,而没有考察环境危机的社会和人为因素。[①] 这是一种还原的线性思维方式在面对环境问题时的必然反应:将人同自然环境分离开来,将其他事物同自然界分离出来,于是,整个世界成为由分离的物体构成的集合体。同时,人被视为不同于自然中其他存在的理性存在,因而高于其他存在,而其他一切自然存在物只是服务于人的对象。[②]

随着对环境问题认识的深入,"理性的、全景的"观点逐渐占据主流,人们努力改变人类中心主义的"人处于环境的中心的形象",认为人与自然的关系是内在的,只有在人与自然的相互联系中才会完成对人的定位;把生态系统理解为一个复杂但却有序的结构和功能系统,"复杂但并不混乱"可以说是生态系统运动规律的体现,并照此来安排社会的方方面面;而且认识到解决环境问题时对于社会整体影响的把握,注重整体,即强调在生态问题上要着眼于整体,特别是要注意探讨生态问题的社会背景和条件。[③] 环境风险

[①] 〔美〕戴斯·贾丁斯:《环境伦理学:环境哲学导论》,林官明、杨爱民译,北京大学出版社2002年版,第240页。

[②] 聂耀东、彭新武:《复杂性思维·中国传统哲学·深层生态学》,载《思想理论教育导刊》2005年第4期。

[③] 参见李培超:《伦理拓展主义的颠覆》,湖南师范大学出版社2004年版,第142—143页。

不仅仅是一个技术问题,更是一个政治、社会问题。"与其说技术的发展及工业化、城市化'不可避免地'引起了公害,还不如说公害是从只追求利润的功利主义观点出发而采用新技术,或者说在还未能充分掌握预防公害政策的情况下,就推行工业化及现代化、产业化而造成的。"①

将环境风险置于社会的背景下就会发现,对于环境风险的认知和防范需要放在社会整体中进行考虑,这与线性思维下传统的个人责任概念产生一定的内在冲突。在一个线性的模型中,人们相信结果的范围类似于它的原因范围。因此,一个该受惩罚的行动,法律上的惩罚就是按照受损程度的大小来确定。但是,亚马逊雨林一只蝴蝶的翅膀扇动,就可能引起得克萨斯州的一场大风暴,最初不过是某个人、某个群体或某个公司引发的行为,最后却会导致某种全球性的政治和经济危机,对此又该怎样办呢?

环境风险的产生越来越远离最初起源的地方,而引致整个社会陷入一种恐慌之中。对于环境风险的防范,"我们需要的是新的集体行为模型,它们依赖于我们有着种种差别的一个个成员及其见解。个体的决策自由并没有被废弃,但却要受到自然和社会中复杂系统集体效果的制约,从长期看复杂系统是不可预测和不可控制的。因此,只有个人的良好愿望是不够的。我们必须考虑它们的非线性效果。全球的动力学图像提供了在一定环境下的可能图景。它们有助于实现合适的条件,去促进所希望的发展,并防止有害的发展"。②

三、环境行政的僵化

为解决市场失灵而发展起来的环境法,其基本功能和功能实现方式是通过国家公权力介入私人活动领域来预防和控制环境风险,救济因环境污染和破坏而导致的人体健康和财产方面的损害。其中国家行政权力的直接干预是控制环境风险、保护环境的最主要也是最重要的手段。由于环境问

---

① 〔日〕岩佐茂:《环境的思想》,韩立新等译,中央编译出版社1997年版,第19页。
② 〔德〕克劳斯·迈因策尔:《复杂性中的思维》,曾国屏译,中央编译出版社1999年版,第399页。

题所涉及的社会关系具有广泛性、复杂性和综合性，相应的法律调整机制可以分为直接控制和间接控制，事前抑止和事后救济，强制性和非强制性等多种手段。

传统的环境问题主要是由于人类向环境无休止的索取、无限量的废物排放所导致的，期限一般较短，影响范围较小，危害在短期内急剧表现出来。因此早期对环境问题的法律控制主要体现在两个方面：一方面是针对环境污染和环境破坏导致的严重公害的救济问题，即依托于传统的民事侵权救济制度发展出特殊的环境侵权救济制度；另一方面是对环境污染行为加以规范，即通过国家行政权的运用，对可能污染或破坏环境的行为加以事前的管制或事后的监督。

法律救济机制是事后对受害人所给予的利益恢复和补偿。由于环境侵权行为是通过环境而作用于受害人的，损害作用机理的认定对于科学技术具有极强的依赖性，而正因为此，环境侵权救济机制在侵权行为和损害后果之间的因果关系认定方面，在损害结果的确认方面，在举证责任方面对传统的民事侵权理论提出了新的挑战，发展出环境侵权救济法律机制。

环境风险的法律规制侧重点是预防，即预防环境污染和破坏的发生、保护环境。而目前预防的实现仍然有赖于行政强制机制的运用。行政强制分为事前的管制和事后的监督。事前的管制主要是通过行政特许或许可制度来实现，即行政机关对于当事人所将要从事的行为进行审查，对于符合法律规范要求的行为准予其实施，对于违反法律规范要求的行为予以禁止，从而使得行为人将要实施的对环境有影响的行为处于行政机关的监督管理之下。事后的管制是对经过行政许可、行政特许的企业是否按照许可的条件从事生产经营活动，以及对不需要经过事前管制程序而进行生产经营活动的企业行为是否符合环境保护法律规范的要求给予监督。环境行政监管的实现以法律责任为保障，立法授权行政机关对于企业违反环境保护法律规范的行为给予行政处罚，以此来保证环境保护法律规范的执行。

国家在履行环境保护职责的时候，为有效地应对环境风险逐渐由原本分散、事后补救型的污染防治行政，事实上已经逐渐朝向综合的、事前预防性的环境保护行政的方向发展,表现为环境行政风险规制活动。

行政机关规制风险活动要符合现代行政法治的基本要求,至少要满足两个条件:"一是价值合理性,即行政机关设定的风险规制目标能够为民众所接受,符合民众的需要,反映民众的偏好,体现卢梭所说的'公意'的要求,从而具有正当性;二是工具合理性,即行政机关规制风险的手段或措施基于精确的计算和预测,追求功效最大化,具有科学性。"①为满足这两项要求,科学在行政规制中具有举足轻重的作用。"对于规制决定作出者来说,科学为理解政策问题和认识不同政策选择的可能后果提供了系统的基础,因此,科学证据必须在规制机构作决定之时扮演重要角色。"②这样,专家在环境风险规制中具有举足轻重的作用。但是风险的不确定性,导致仅依赖专家理性形成的风险决策无法得到公众的认可。

1. 专家理性的不足

在传统的工业社会线性思维模式下,风险被局限在技术可管理上,"在某种范围内,尚不具有技术可管理性的风险被认为——至少在科学的计算和司法的判断中——是不存在的"。③ 在传统的环境法律规制中,复杂的环境保护标准及其所隐含的科技理性、经济效率性以及民主正当性等问题,往往都被化约成"法规命令"与"行政规则",所关注的是对"可预测、可计量"的环境问题的防治、消除与损害补偿。

专家以通过科学方法计算所得出的标准值为依据来确定某种风险的可接受程度,然后通过立法的形式使其具有法律效力。对于规制者来说,求助于科学来为其规制决策辩护是一种有效且方便的政治策略。但是科学和科学方法本身的局限性对这种专家立法构成了挑战,专家知识本身的缺陷使得以形式理性为基础的专家立法实质上成为造成风险的原因之一。在工业社会中,专家理性所追求的是世界秩序的普遍性、逻辑性、可计算性、可预测

---

① 戚建刚:《风险规制过程合法性之证成——以公众和专家的风险知识运用为视角》,载《法商研究》2009 年第 5 期。
② 金自宁编译:《风险规制与行政法》,法律出版社 2012 年版,第 107—108 页。
③ 〔德〕乌尔里希·贝克:《风险社会》,何博闻译,译林出版社 2004 年版,第 29 页。

性和确定性,专家立法将风险的发生化约为测量、计算和概率,通过一套风险管理的制度来应对风险。然而无论计算出来的数据多么微小,对于现代社会不确定的环境风险,"标准的计算基础——事故、保险和医疗保障的概念等等——并不适合这些现代威胁的基本维度。科学和法律制度建立起来的风险计算方法崩溃了"。①

科学的不确定性使科技专家决策能力被质疑。在风险的防范上,虽然科技专家与技术管理的专业能力受到质疑,但其对经济、政治决策结果的影响仍然存在。在风险社会中,政治议题的关键是在涉及科技—经济领域的决策应该让有可能受到损害的全体成员都有机会参与,也就是利益相关者都能够参与到决定自身未来的政策形成过程,以制约技术专家在决策过程中过多注重科技的贡献性而忽略其副作用,或故意隐瞒其副作用,增大风险的不良后果,稀释原为科学与传统政治独占的决策权力。如此一来,相较于次政治领域蓬勃的活动力,传统的政治系统反而被非权力化,成为无力主导发展的行政管理者。②

传统的国家政治中心失去了权威,源于风险对个人影响的深刻。在风险社会中,"社会发展的自反性和不可控制性侵入了个人的分区,打破了地区的、特定阶级的、国家的、政治的和科学的控制范围和疆界。也就是说处于威胁下的所有人都必须是参与者和受影响的当事人,且同样都可以为自己负责。"③随着自反性科学化与科技风险威胁的增加,任何涉及风险定义、诠释的决策,都极易成为政治性议题,再加上传统政治依靠行政组织的运作而衍生出管理上重形式的疏失,难以应对高科技的复杂性。被传统认为是非政治的、追求利益的技术—经济领域,在传统的政治运作模式下愈来愈需要直接面对批判性的公众舆论,在公民社会和国家政治之间,形成公共领域

---

① 〔德〕乌尔里希·贝克:《风险社会》,何博闻译,译林出版社 2004 年版,第 19 页。
② 唐德珍:《法律与风险:卢曼风险社会学对法律的观察》,台湾政治大学法律系 1999 年硕士论文,第 79 页。
③ 〔德〕乌尔里希·贝克、〔英〕安东尼·吉登斯、〔英〕斯科特·拉什:《自反性现代化——现代社会秩序中的政治、传统和美学》,赵文书译,商务印书馆 2001 年版,第 15—16 页。

显得尤为重要。"只有一种激烈的有说服力的以科学论战武装起来的公共领域,才能够将科学的精华从糟粕中分离出来,并且允许对技术进行指导的制度——政治与法律——得以实施,从而争取到其自身应该拥有的作出判断与裁决的权力。"①在政治领域创造公共领域,是对工业社会政治系统科层化、集权化、专业化的组织方式反省的结果,"没有公共参与的决策不仅会使政府机构为商业利益所掣肘,而且也常常使公众对科学采取不加批判的接受的态度"。②

由于环境标准决定着各主体为环境保护所必须付出的心血与金钱,所以以科学技术为基础的环境标准并不单纯的是技术规范转化为法律规范的问题,还要考虑其执行将会面临的各种问题。所以,"环境标准的高低宽严涉及整个环境保护法的正义与否。何谓正义?就此,不外有实体与程序的观察。而实体的正义,依当今的见解,不外是决策必须让人民能够接受而真诚的信服"。③

科学的不确定性激发环境保护各利益相关者参与环境标准制定过程的需求。环境标准的制定需要立法通过各方参与的程序性设计,斟酌各方意见,制定出经济上和技术上均可行的标准,以借程序正义来实现实质的正义。例如德国环境标准的设定就是"由各种专业团体先行判断以作成初步意见,然后才交由官方、业者以及环保团体甚至民众等来作进一步属于政策性的辩论"。④ 行政强制的正义问题转化为环境标准制定的程序和行政管制程序的正义问题,即实质的正义有赖于程序正义的实现。

程序法治是法治的第三个维度。程序法治或曰法律的程序化代表了现代法律发展之最新动向,也是法律对风险社会的回应。在风险社会中,专家不再是某一领域风险知识的垄断者,代表不同主体的专家之间,以及专家与利害关系人之间必须以相互合作和尊重的方式共同参与风险决策。为弥补

---

① 薛晓源、周战超主编:《全球化与风险社会》,社会科学文献出版社 2005 年版,第 131 页。
② 同上书,第 257 页。
③ 黄锦堂:《台湾地区环境法之研究》,台湾月旦出版公司 1994 年版,第 76 页。
④ 同上书,第 81 页。

专家理性的不足,有关环境风险的法律控制"在程序设计的相应方向上应朝向专家政治与民主政治的调和,尤其着重专业委员会的设立、分散决策者(包括广泛参与)以及资讯强化等方向。在实体设计上,则应将科技推促的责任分配给污染者,由污染者负有突破科技障碍的责任,并且在法律设计上,提供资讯强化的机制"。①

2. 行政强制的僵硬化

行政强制机制是主要的和基本的环境法律调整机制,尤其在污染严重的时期,行政强制规定的是环境可接纳污染物质的底线,是环境质量的最低要求,对于企业而言,是企业被允许排污的最大限度,是企业利用环境容量的基准。行政强制体现的是一种绝对控制的思想,是其他调整机制的基础,其他机制是在此基础上的合理、灵活调节,体现的是合理控制的思想。行政强制是基础,其他机制是补充,如果国家环境管制失灵,行政强制失效,则其他调整机制也将无法发挥作用。

对污染行为进行管制只是环境风险法律控制的一个方面,而且行政强制也只是调整机制之一,有其自身的局限性。"国家的行政管理虽以直接强制性和简便性为特征,但它却容易置管理相对人于对立和被动的地位,不利于调动和发挥相对人的积极性,使之僵硬和机械。"②僵硬机械的行政方式甚至会损害行政强制的正当性和合法性。如发生在2011年四川什邡的钼铜事件中,事件发生的早期,宏达公司曾与当地社区进行过沟通,并做过千人问卷调查;但意见表中只列出了项目基本情况、项目对当地的好处,却没有列出可能发生的环境风险。至于对公众此前心存的钼铜项目可能存在污染的担忧,什邡市人民政府也只是依据环境影响评价制度的要求对《环评报告》简本进行了公示,并且公示内容是出现在政务服务中心网站的二级子目录下,公示信息只是直接给出"环境可接受"的结论,难以令公众"充分了解"项目风险。随后,针对公众对环境风险的质疑,什邡市委、市政府的门户网

---

① 叶俊荣:《环境政策与法律》,台湾元照出版公司2002年版,第17页。
② 吕忠梅:《环境法新视野》,中国政法大学出版社2000年版,第93页。

站"什邡之窗"于对网友关于钼铜项目可能带来"污染问题"的来信回复称,"市委、市政府针对老百姓的担忧顾虑拟采取专家访谈形式、邀请部分干部代表与村民代表到国内同类行业具有先进生产工艺与技术的生产基地进行参观考察",但此后座谈和实地考察等被证实并无下文。① 风险决策过程中缺乏风险沟通,导致该项目虽然取得了行政强制上的环境影响评价审批,仍然被公众所反对,最终不得不终止项目的建设。

环境法的实践促使决策者认识到对于环境风险的防范,必须从环境资源有限性的观点切入,以资源有效运用与公平分配着手,强化环境决策过程中的民主参与,以确保行政强制基础——环境标准的制定符合正义的要求,行政强制的程序符合正义的要求,并以此为基础发挥其他环境法律调整机制的作用。例如,经济刺激机制的运用、环境税费制度的形成、公众参与环境协商机制的建立等。环境法的调控机制是一种综合性的调控机制。

从环境保护的公共政策层面来讲,美国环境政策在1989年以来就呈现出下列发展趋势:第一,对基于市场的环境政策工具兴趣日增;第二,对信息披露制度的关注激增;第三,在一些环境法规及行政命令的制定中,效益—成本分析法得到了一定的应用;第四,在"环境正义"论的倡导下,由环境公平管制所引起的收益和成本分配问题受到重视;第五,对全球气候变化的关注成为许多政策争论中的一个焦点问题。②

在环境法律控制方面,环境法制中已经出现了共识、对话、合作型的行政活动,注重专业、环保团体与利害关系人,甚至一般民众参与环境法律法规的制定、环境命令的作出。另外,还有新兴的所谓"间接行为调控手段"的出现,即通过税费的收取、可交易的排污权等经济性工具,提供在国家命令控制手段之外,取得更为灵活多样的环境法律调控手段。克劳斯·迈因策尔在《复杂性中的思维》中提到:"随着人类的生态、经济和政治问题已经成

---

① 左林、李微敖:什邡失措,http://finance.ifeng.com/opinion/zjgc/20120716/6766982.shtml,2013年5月8日访问。
② 〔美〕保罗·R.伯特尼、〔美〕罗伯特·N.史蒂文斯主编:《环境保护的公共政策》,穆贤清、方志伟译,上海三联书店、上海人民出版社2004年版,第1—2页。

为全球的、复杂的和非线性的问题,传统的个体责任概念也变得可疑了。我们需要新的集体行动模型,他们建立在我们的一个个的个别成员和种种不同见解的基础之上。"①这也许才是风险社会下环境风险规制所应当朝向的方向。

---

① 〔德〕克劳斯·迈因策尔:《复杂性中的思维》,曾国屏译,中央编译出版社 1999 年版,第 17 页。

第三章　环境风险法律规制理论扩展

　　法律为人们提供行动规则,是保障社会秩序的基础。"然法律者,原为社会力显著之一状态,故无不随社会状态之推移而独归静止之理。"法律不是一成不变的,法律的产生发展与社会生活密不可分,"纵使法规形体一时不呈变迁之迹,其实质必随社会之变迁而与之俱变,经时既久,与社会实状,必相为一致。"① 法律是社会发展的规范化、制度化。社会的发展决定了法律的发展。欧洲社会法学家埃利希(Ugen Ehrlich)也提出:"不管在什么时代,法律发展的重心,不在立法活动,不在法律科学,不在司法判决,而在社会本身。"② 社会在不断发展变化,现行的法律制度必须从这个变化中汲取力量并由这个变化来决定它们未来的取向。在一定程度上,法律是由社会所塑模、造型,并且随时间转移来适应社会特定的目的。

　　科技文明高度发展的现代社会,人类干预自然、影响社会的能力不断加强,人类的自我认识能力也在逐步提高,人类也越来越清醒地认识到自己处于一种无知的状

---

① 〔日〕穗积陈重:《法律进化论》,黄尊三译,中国政法大学出版社2003年版,第2页。
② 〔美〕劳伦斯·M.弗里德曼:《法律与社会》,郑哲民、吴锡堂、杨满郁合译,台湾巨流图书公司1991年版,第12页。

态。当我们进入一个未知领域,我们无法判断出这里是否有威胁,而只能试图去发现各种可能威胁的存在,即风险。

现代社会,无处不在的风险在种类、数量、强度、影响等方面都表现出急剧增加的趋势。个体需要作出的许多决定,如同科学的风险分析一样,被无知所折磨。决定的难以作出,使得风险成为社会的一部分而更加受到人们的关注。

法律长久以来都被视为调控社会的工具,但现代社会高度的复杂性与功能分化使得法律在社会中如何发挥作用,以及在何种程度上发挥作用,都变得更加复杂。现代人类依然无法预知未来,必须面对各种可能性在其中作出抉择。现代社会对风险议题的重视,影响到法学理论对风险问题的思考。在缺乏科学能提供稳固知识基础的情形下,法律如何因应现代"风险社会"的来临,面对不确定的灾害与风险,法律系统到底能在多大程度上发挥调控功能,引起法学家们的关注,并进一步引发有关法律在社会中如何运作的思考。面对风险社会的来临,基于对不确定损害的恐惧,在科学研究能够提出解释或解决方案之前,法律系统必须建构一套因应风险的机制。这种机制的形成,首先从法律对自身的反思开始。而反思也正是风险社会理论所提供的对当下社会进行回应的发展路径。

在风险社会中,对不可预测性的认识需要对社会凝聚之基础展开自我反思,对"理性"的普遍准则和基础加以审查。[①] 在反思的过程中,人们越来越清楚地认识到生态危机已经不单纯是所谓的"环境问题",而是工业社会本身的一个深刻的制度性危机。生态危机是现代化生产方式和消费方式的必然后果,是工业化的副产品。对生态危机的制度回应,或者说对环境风险的规制,现代性的自我反思对于现实规制的难题有着深刻的洞见。而对于难题的解决社会法学的研究对此进行了有效的思考。

社会法学运用社会学的方法研究法律问题,努力把分析、历史、哲学和

---

① 〔德〕乌尔里希·贝克、〔英〕安东尼·吉登斯、〔英〕斯科特·拉什:《自反性现代化——现代社会秩序中的政治、传统和美学》,赵文书译,商务印书馆 2001 年版,第 13 页。

社会学的方法统合起来,反对只强调法律的抽象性质,关注法律在实际社会生活中的运行和功能;反对只研究"书本上的法律",强调探讨"行动中的法律",反对只注重个人利益的法律,推崇维护社会整体利益的法律,进而使法律的发展路径更加贴近生活、贴近现实,使法律的发展在与社会进步相互融合和促动的过程中获得了旺盛的生命力。① 对风险社会下法律的运作与回应进行深入思考的代表性人物是法社会学家尼古拉斯·卢曼。他将法律放在社会的背景下探讨法律的内在运作规律,提出法律自创生理论。自20世纪80年代以来,法律自创生理论的主要代表人物除卢曼之外,还有德国法学家图依布纳。

环境法是在历经"农业文明""工业文明""生态文明"的社会变迁中,逐渐发展并得以完善的,正如叶俊荣教授在其《环境政策与法律》的自序中指出的:"环境议题就在这高度变迁的时空中,不断受到试炼,也不断调适。由此而形成的环境法,也就因而带有浓厚的动态气息。"②各学科对于当下社会的思考,都深刻影响到法律对于环境风险规制的路径选择,以及环境法的发展。

第一节 风险社会理论对环境风险规制的启示

风险社会理论的核心是基于风险的不确定性促使人们对与之密切相关的科学知识、进而对现代所处的后工业社会进行反思。在后工业社会,由于高科技成为现代社会风险的主要来源,而科技的运用主体始终是人类,使得现代风险具有不同以往的内涵,成为"人为的风险"。社会结构也呈现出不同于工业社会的特征,即贝克所称的"风险社会"。

吉登斯准确地指出:"风险社会的起源可以追溯到今天影响着我们生活的两项根本转变。两者都与科学和技术不断增强的影响力有关,尽管它们并非完全为科技影响所决定。第一项转变可称为自然界的终结;第二项则

---

① 黄永忠:《西方法律发展模式思想初探》,载《金陵法律评论》2005年第2期。
② 叶俊荣:《环境政策与法律》,中国政法大学出版社2002年版,自序第1页。

是传统的终结。"①

　　风险社会的到来,需要现代性必须以一个更为反思的方式去面对一个更为开放及争议的未来,即现代性必须自我超越、持续地进行内在的反思、检讨和重建。现代社会的行为和意识模式往往不能充分了解自己的决策会带来哪些风险,工业化和高科技的发展无法根除各种"意外"产生的安全威胁,对于现代社会,唯有"反省"过去的教训,建构一套新的"反思性现代化"②,人们才可能自觉地通过决策来评估风险,抑制风险,同时寻求各种途径来防止风险的发生,"在过去,现代化是以所谓的'传统'为变革的对象,而如今,现代化本身则是成为现代化的对象。"③以"简单的现代化"理论来解释过去的经验,由于不少人存在着对"现代"的迷思,他们看到某些征兆就以偏概全,无法发挥反思的作用。而"自反性现代化"的理论,正可以济此之弊。④"以

---

①　〔英〕安东尼·吉登斯、克里斯多弗·皮尔森:《现代性——吉登斯访谈录》,尹宏毅译,新华出版社2001年版,第191页。

②　贝克在提出风险社会概念之后,与致力于研究现代性的吉登斯和拉什在1994年合力完成了《自反性现代化》一书。他们认为虽然有许多不同于现代制度的社会组织或生活方式正在兴起,人类仍然生活在启蒙以来的"现代性"及其后续发展的社会制度中。早期现代性(或简单现代性)解决的是传统社会的风险,但也产生了新的风险,并且这些风险的累积构成晚期现代性(或高级现代性、反思的现代性、激进的现代性等)的特征。然而现今的社会结构的确发生了剧烈的变动,因此三人一致强调现代化的发展已经从"简单式现代化"(工业文明所代表的第一现代)转变为"反思性现代化",贝克、吉登斯与拉什称之为"第二现代"理论,以显示他们的现代性分析不同于"现代 vs.后现代"论著的研究立场。

③　顾中华主编:《第二现代——风险社会的出路?》,台湾巨流图书公司2001年版,第5页。

④　乌尔里希·贝克以"现代化发展"作为观察的焦点,表明了以"风险社会"为特征的"第二现代"与"第一现代"之间既延续又断裂的关系:"第一现代"或"简单现代化"的行为和意识模式,往往不能充分了解自己的决策会带来哪些危险;工业化和发展高科技在"第一现代"被视为是人类进步的象征,却无法根除各种"意外"产生的安全威胁,从放射性尘埃到疯牛病,都只证明人类永远保证不了绝对的安全,唯有彻底的"反省"过去的惨痛教训,并建构一套新的"反省性现代化",人们才可能自觉的通过决策来评估风险、抑制风险,同时寻求各种途径来防止风险发生。贝克使用的这两种现代化概念的差异在于:第一、"简单的现代化"视"阶级"为最根本的社会组织形态;"反思性现代化"基于"个人化"的趋势,主张社会不平等的来源并不以阶级为限,社会冲突的形式亦大幅改变。第二、前者对于传统社会统一秩序的崩溃印象深刻,认为这些分化的功能次级系统各有自主性,很难再复合,但经过实际的运作,"反思性现代化"不再视功能分化为当然走向,开始探寻系统间协调与互动的可能性,试图兼顾各功能系统的自主性和互动性,也不排除系统界限有可能逐步消失,达到高度的整合。第三,也是最重要的,"简单的现代化"基于单线式的理性化模式,来设计规划工业社会的发展,但是在生态和风险的挑战下,这一路线已无法永续维持下去,"反思性的现代化"摒弃了这种"单面向"的思考,主动地追求替代性方案,以扭转人类"自我危害"(self-endangerment)式的发展走向。"反思性的现代化"代表了人类自我更正的可能性。参见:顾中华主编:《第二现代——风险社会的出路?》,台湾巨流图书公司2001年版,前言。Ulrich Beck, *The Reinvention of Politics: Rethinking Modernity in Global Social Order*, Cambridge: Polity, 1997, pp. 23—28.

"现代性反思现代性"是风险社会理论的核心特征。吉登斯也讨论了现代社会体制的反思性问题,试图超越现代/后现代的讨论,而重新思考风险与信任、安全与危险之间的关系。他明确提出制度的反省性才是现代性独特的地方。"反思性的现代化"代表了人类自我更正的可能性。

简单现代化与自反性现代化概念的差异在于:第一、"简单的现代化"视"阶级"为最根本的社会组织形态;"反思性现代化"基于"个人化"的趋势,主张社会不平等的来源并不以阶级为限,社会冲突的形式亦大幅改变。第二、前者对于传统社会统一秩序的崩溃印象深刻,认为这些分化的功能次级系统各有自主性,很难再复合,但经过实际的运作,"反思性现代化"不再视功能分化为当然走向,开始探寻系统间协调与互动的可能性,试图兼顾各功能系统的自主性和互动性,也不排除系统界限有可能逐步消失,达到高度的整合。第三,也是最重要的是,"简单的现代化"基于单线式的理性化模式,来设计规划工业社会的发展,但是在生态和风险的挑战下,这一路线已无法永续维持下去,"反思性的现代化"摒弃了这种"单面向"的思考,主动地追求替代性方案,以扭转人类"自我危害"(self-endangerment)式的发展走向。[①]

"反思性现代化"对社会结构的反思有力地解释了传统环境法在应对环境风险规制上的无力,以及面对环境风险规制环境法的发展需求。遵循反思理性,运用风险社会理论对现代性的解读,环境风险规制所要解决的问题跃然纸上。

一、风险分配:环境风险规制的核心问题

环境问题的出现使得环境利益或负担在人群中的分配引发公众的关注。在乌尔里希·贝克看来,工业社会的核心问题之一是财富分配以及不平等的改善与合法化。对于风险的评估和衡量最方便、最直接的方式是将风险的损益转化为经济利益,而经济利益就涉及分配的公平性和不平等状

---

① Ulrich Beck, *The Reinvention of Politics: Rethinking Modernity in Global Social Order*, Cambridge: Polity, 1997, pp. 23—28.

态的改善问题。在风险社会中,由于风险的普遍性,风险分配成为社会制度的核心。

风险分配与财富的社会一般分配是有区别的。"'工业社会'或'阶级社会'这样的概念,是围绕着社会生产的财富是如何通过社会中不平等的然而又是'合法的'方式实行分配这样的问题进行思考的。"而风险社会所要解决的是"在发达的现代性中系统产生的风险和威胁,如何能够避免、减弱、改造或者疏导?最后,它们在什么地方以一种'迟延的副作用'的形式闪亮的登场?如何限制和疏导它们,使它们在生态上、医学上、心理上和社会上既不妨害现代化进程,又不超出'可以容忍的'界限?"①亦即风险的产生和分配方式会依附于财富的形成和分配方式,因为工业社会以来的社会结构都是围绕财富的形成和分配展开的,只是风险的分配方式更为复杂。

风险的分配与增长对不同的人影响程度是不一样的。在某些情况下,这种差别与阶级和阶层的不平等是相符合的,例如面对生存环境的恶劣,富裕的人在一定程度上可以选择"无公害食品",可以购买环境更为优雅的住房。但是环境的风险是影响人们生产生活方方面面的,而且这种影响是全面而深刻的,有一些潜在的危害是现在人类所掌握的科学知识无法作出判断的,"或早或晚,现代化的风险同样会冲击那些生产它们和得益于它们的人"。在"飞去来器效应"的作用下,"即使是富裕和有权势的人也在所难免"。② 可以说,在风险面前最大程度的彰显了人人平等原则,风险的影响具有无差别性,这就是风险分配的逻辑。

环境风险的影响具有普遍性和无差别性,在向风险社会演化的过程中,由于科技所带来的生产力发展与福利国家下法律的保障与规制,以及现代化过程中不可预知的危害与潜在威胁的增长,首当其冲的问题不再是物资缺乏的需求,追求"获得的正面逻辑",而是转为追求"解决的负面逻辑",规避人们不乐意负担的污染、意外、灾害、恐惧、焦虑,财富分配不平等的问题

---

① 〔德〕乌尔里希·贝克:《风险社会》,何博闻译,译林出版社 2004 年版,第 16 页。
② 同上书,第 21 页。

隐藏于科技发展中风险分配不平等的问题之中。"邻避运动"的出现正是这种风险分配矛盾的集中反映。

"邻避运动"(Not-In-My-Back-Yard,简称"NIMBY")[①],是指居民或所在地单位因担心附近设施(如垃圾场、核电厂等)对身体健康、环境质量和资产价值等带来诸多负面影响,从而激发人们的嫌恶情结,滋生"不要建在我家后院"的心理,并采取强烈和坚决的、有时高度情绪化的集体反对甚至抗争行为。

最近几年,针对建设项目的环境风险所引发的事前预防型环境群体性事件基本都可以归入邻避运动之列。邻避运动是一种基于环境和经济考虑的政治和社会运动,体现的是人们环境意识增强后对自身健康、环境、经济权益的关注。伴随着现代通信技术的发展,信息的高效传播使得一些邻避运动不断发酵,最后导致群体性事件的发生。从厦门的 PX 事件开始,到后来大连的 PX 事件,再到 2012 年的什邡、启东、宁波、北京等地,对环境污染所引发人体健康方面的担忧,已成为民众最大的心病。而且表达的方式也从温和走向激烈,厦门 PX 事件中,公众表达反对意见的形式还仅仅是"散步",而到什邡、宁波时,已经演化为街头抗争,处于暴力的边缘。

"邻避运动"的集中爆发,暴露出现行环境法在应对环境风险中的无力。对于应对环境风险的环境法而言,其任务如果再仅仅局限于通过命令控制的模式进行污染防治和其他公害防范,维护一定的环境质量,保障人体健康,正面增进公众的环境权益,则无助于日益增加的环境风险对人们生活的影响,因为风险无处不在。目前频繁发生的"邻避运动",实质上是对环境风险分配不公正的抗争,是一种事前预防型抗议——基于对未来可能发生的

---

① 1980 年英国记者 Emilie Travel Livezey 在描述美国人对化工垃圾的警觉与反感时,提出"NIMBY"一词(Not In My Backyard,直译为"别在我家后院"),中文译为"邻避"。"邻避"一词遂被媒体和学界广泛使用,用以描述现代化与城市化进程中许多集体消费的必要公共设施与非集体消费的生产设施面临设施的外部性扩散,从而引起周边居民反对与抵制的现象。简言之,"邻避运动"就是项目所在地周边居民为反对具有实质或潜在环境威胁项目而自发的环境保护运动。参见邓君韬:《"邻避运动"视野下 PX 项目事件审视》,载《湖南社会科学》2013 年第 5 期;李昇平、郭心华:《环境政治学视角下的"邻避运动"——以茂名 PX 事件为例》,载《世界环境》2014 年 04 期。

危险的担忧。保护健康、拯救家园成为公众在"邻避运动"中的直接诉愿。而这种诉求具有正当性和合法性,这是公众健康权、生存权的合理要求。如何合理分配垃圾焚烧厂等"邻避设施"带来的环境风险,使得各利益相关方能够合理的承担风险成为法律实现环境正义的现实任务。

面对无处不在的风险,环境风险规制的首要任务应当是规避风险。这种规避,是在人类有限理性内在环境风险认知的基础上尽最大可能的去减少风险,避免风险危害结果的出现。如在反对垃圾焚烧厂建设的各种案例中,用西方已逐步淘汰的垃圾焚烧发电技术处理城市垃圾,是公众反对焚烧厂建设的主要原因之一。

其次是环境风险分配的问题。以往环境法对于环境权益的研究,总是从保障公民在良好适宜环境中生存的目标出发,在权利内容上强调公民对于良好环境的占有和使用权益。然而,由于环境的公共物品属性,对环境的占有和使用难以像有形财产那样通过个体排他性的占有和使用来实现对财产本身的保护,最终,在环境保护上难以改变"共有地悲剧"的局面。

随着生态的日益恶化,环境风险危机四伏。从"解决的负面逻辑"出发,环境风险规制对正义的实现要求风险的分配应当遵循"污染者负担原则",由风险的制造者承担更多的环境责任,减少经济上相对贫困的地区继续被动承受更多的环境风险,对其利益给予合理的补偿。这样一种风险分配的逻辑,"需要风险法制研究更强调规范的预防功能和长期规划的理性,强调各种不同诉求、不同关系的协调,尊重个性和差异,而不搞简单的令行禁止一刀切。为此法学要致力于开发分散风险和化解风险的多样化的、富于弹性的管理技术以及解纷工具"。[①] 这对环境法的制度设计提出了新的要求。

二、多元主体:环境风险规制的行动者

风险问题使得现代性内部在理性的基础和工业社会的自我意识问题上

[①] 季卫东:《风险社会与法学范式的转换》,载《交大法学》(第 2 卷),上海交通大学出版社 2011 年版,第 11 页。

出现了冲突。受到启蒙思想家乌托邦式思考模式的影响，对于社会的发展，人们往往从理性的观念出发，以自然科学规律性预测的观察方式，将未来纳入他们所设计的单线单向结构中去，"未来"被描绘成依照社会发展规律运行的一系列社会事件的过程。现代性的理性思维模式要求人类的生存状况都可以通过工具理性控制并使之可制造、可获取、（单个的、合法的）可解释。但是风险社会难以预见的一面以及控制需求的滞后效应反过来又引出了原本以为已经被工业社会所克服的不确定的领域、矛盾的领域。

科学的不确定性引发的对专家知识的不信任更加剧了这一矛盾。在当今社会，人类的活动受到新知识或信息影响的程度大为提高。现代社会持续的且密集的制造各项知识，为社会与个人创造出多元化的行动可能性和选择方案，成为现代社会制度本身的构成元素。吉登斯将这一制度性机制称为"专家系统"。在自反性现代化社会中，人们日常生活的衣食住行各个方面都被专家知识所渗透，行为的决断也越发地依赖专家的意见作出。然而专家知识在日常生活中的应用充满了不确定性与不稳定性。没有人可以确定，此时此刻所拥有的知识不会在下一刻被否定掉。另外，不同观点与立场的专家持有不同的意见与主张，专家系统无法建立在一个稳定的基础上。[①] 对未来不确定性进行判定的理性知识也变得不再可靠。

高科技风险所带来的对未来的极度不安全感，使得人们对于未来不确定的风险表现出更为强烈的恐惧感。垃圾焚化场、核电站、生物技术工厂、化工厂的兴建由于其所带来的环境风险而越来越多地受到团体性抵抗。行政机关总是认为他们的这些计划是"有理性的"，是为了"公众的利益"，然而却得不到公众的理解，甚至还引起公众的反感。究其原因，根源在于基于风险的利益分配：首先，环境风险的存在必然带来风险的分配问题，而基础设施建设计划的利益和负担以及由其引发的风险负担是永远不可能被公平分配的。其次，专家意见这种常规的政治咨询工具随着科学不确定性的加剧随之失灵。即使是赞同意见和反对意见之间的相互作用也不能解决这些冲

[①] 顾中华主编：《第二现代——风险社会的出路？》，台湾巨流图书公司 2001 年版，第 10 页。

突,只能使冲突界线更加坚固。加之专家本身也有可能成为复杂的利益代表者,其中立地位也受到质疑。最后,政府是否真正的是公益的代表,是否能够真正代表公益,在现行的环境风险决策过程中无法得到有效的保障。①也正如此,有学者提出现行的环保体制正在制造新的制度风险。②

出现制度性的风险是工业社会发展的必然,这种必然是由社会风险本身的特点所决定的。在乌尔里希·贝克看来,风险社会是灾难社会,不是因为有意外是正常的就单纯容忍风险存在,而是要积极的建构风险理性。③"风险理性的建构是政治的过程,要面对的是多元的利益冲突、多元的情境

---

① 如发生在2009年夏秋之交广州番禺居民反对垃圾焚烧发电厂建设事件中,事件初期,政府邀请专家对焚烧厂的环境威胁提出科学解释,并对焚烧发电技术的安全可靠性予以论证。然而,专家群体一开始就不是铁板一块,其中最重要的现象是出现"反烧派"的专家阵营,它包括了技术从业者以及抵制过程中成长的"业余专家"。2009年12月,多家媒体报道了政府官员、专家和垃圾焚烧厂商之间存在的利益关系,这些被业主广为转载的报道提到,政府邀请的专家要么是焚烧的厂商、要么是焚烧技术的专利拥有者。利益关联使得专家在技术的安全论证上前后矛盾。这加剧了公众对于"主烧派"专家的不信任。曾参与及见证利益集团在中国推动垃圾焚烧项目的一位番禺居民向《亚洲周刊》透露,十多年前,就有以海归人士为核心的利益团体,包括学者、企业家、国外的设备供应商、投资者等组成,"由学者出面,以研讨会的形式游说高官及地方政府,采用国外进口设备,用BOT的经营形式建垃圾焚烧厂"。这位曾经的参与者如今居住番禺丽江花园,不幸成为番禺会江垃圾焚烧的直接受害者。他表示,当时参与游说和研讨的专家都明码标价,收1.5万(约合2195美元)到2万的出场费,以"正面叙述"支持垃圾焚烧。一般的程序是,先说服地方高官,然后撬动环保局局长。政府的决策并非政府所宣扬的那样,是为了公共利益,背后隐含的是巨大的经济利益链条。有番禺居民称,垃圾焚烧项目进口的是二手设备,六成价格报价八成;欧盟规定,这些设备向中国出口可享低息甚至无息贷款,但中国是全额支付,利益集团一下子掌握了数亿资金;要求政府给予垃圾焚烧项目的政策和资金补贴;组织专家出国考察,一个专家1万欧元(约合1.4万美元)的零用花费由设备供应商支付;只要和政府签下垃圾焚烧对电价和垃圾补贴的合同书,一个垃圾焚烧项目就能拿几千万的中介费。有公众就发现,原广州市市容环卫局局长的弟弟在负责广州垃圾焚烧的运营控股企业"广日(电梯)集团公司"担任物流公司总经理,其子也在该公司任职。这些事实让公众认识到,政府和专家对于技术的安全论证的根源在利益。最终导致的公众在垃圾焚烧发电厂建设上的个体反抗和集体的行动,促使社区反焚烧力量的壮大,并最终阻止了番禺垃圾焚烧厂的建设。参见郭巍青、陈晓运:《风险社会的环境异议——以广州市民反对垃圾焚烧厂建设为例》,载《公共行政评论》2011年第1期。

② 李学尧整理:《高科技、全球化与制度风险:风险社会中的法律变迁——徐显明教授访谈录》,载《交大法学》(第2卷),上海交通大学出版社2011年版,第7页。

③ "风险理性"是指一种开放的、允许充分弹性的新思维模式下,全方位的认识风险的各种可能来源与可能后果,因此"风险理性"强调的是整体的关联性,不执迷于专业化,也尊重风险的文化差异,但务求标本兼治风险所衍生的问题。参见顾中华主编:《第二现代——风险社会的出路?》,台湾巨流图书公司2001年版,第26页。

与意识形态论述争议。"①借由公民对自己权益的觉醒,积极通过体制外的政治活动,以直接民主的参与模式,通过草根性组织、环保团体、民间机构等等,表达大众风险意识,增加个人参与攸关自身未来祸福的决策机会,弥补政治系统的功能不足。就此而言,风险建构是一种开放性的政治过程,"在过程中,科学理性势必要接受社会理性的批判和竞争,在公共领域中检讨、争论和协调,公民的参与和学习,就科学实践所引发的环境、社会风险进行协商,而达成'风险理性'的共识。而不同的行动者、情境和程序确实会影响着风险理性的共识,这里隐含着需要多元主义观的补充"。②在这个过程中,作为风险直接承受者的公民,将发挥更为积极的作用。

公民对现代风险的高度不确定性、不可预测性、显现时间的滞后性、发作的突发性和超常规性逐渐有了清醒认识,参与环境风险决策的诉求愈发强烈,并积极谋求个人参与攸关自身未来祸福的决策机会。在自发性对抗工业风险的民主化运动中,公民通过民间性组织、社会运动组织、环保团体、种种新社会运动,表达公众的风险意识,形成风险共识。在政治上,突破传统政治系统下政党组织、议会政治、官僚体系的运作局限,积极通过体制外的政治活动、以直接民主的参与模式,最大限度地发挥政治系统的功能以影响风险决策。

原本在简单现代化的阶段,由资产阶级各行各业所组成的公民社会,就是以民主方式参与、决定政治—经济范围内涉及自身利害事务的。而在涉及专业科学知识的技术—经济领域内,却因为"客观的限制"被划分为非政治的领域,阻绝使用民主原则进行讨论与改变的可能性,使公民权益受到限制。在风险社会中,"社会发展的自反性和不可控制性侵入了个人的分区,打破了地区的、特定阶级的、国家的、政治的和科学的控制范围和疆界。也就是说处于威胁下的所有人都必须是参与者和受影响的当事人,且同样都

---

① 顾中华主编:《第二现代——风险社会的出路?》,台湾巨流图书公司2001年版,第69页。
② 同上。

可以为自己负责"。① 这就导致"风险理性的建构是政治的过程,要面对的是多元的利益冲突、多元的情境与意识形态论述争议"。② 并进一步要求在涉及科技—经济领域的决策应该让有可能受到损害的全体成员都有机会参与,也就是利益相关者都能够参与到决定自身未来的政策形成过程,以制约技术专家在决策过程中过多注重科技的贡献性而忽略其副作用,或故意隐瞒其副作用,增大风险的不良后果,稀释原为科学与传统政治独占的决策权力。这样的决策模式对传统的决策过程形成较大冲击,因为如此一来,相较于次政治领域蓬勃的活动力,传统的政治系统反而被非权力化,成为无力主导发展的行政管理者。

风险是一个政治建构的过程,风险社会使得在工业社会中形成的"从个人到集体的决策日益受到'风险原则'的牵制,风险更成为一个结构性的因素,对社会发展的可能性设下了限制性的条件"。③ 而在这个过程中,专家理性地位受到动摇,社会各主体成为风险的直接承担者,风险无法回避,只有面对和承担。这就使得环境风险的决策过程中必须强调相关利益主体基于风险的承担而享有了解风险、参与风险决策的权利。

参与权实现的前提是对信息的获取。在风险规制中充分保障公民的环境知情权,实质地发挥公众参与的作用具有更加积极的意义,这不仅有利于环境保护工作的开展,而且是公众基本生存权实现的现实要求。

风险利益主体之间的沟通在风险决策的形成过程中也是极其重要的。沟通的目的和作用是多元利益主体能够在不确定性基础上形成风险共识。普通大众对风险的认识和可能采取的行动更多地依赖于对风险信息的"有效启发""直觉毒理学",以及建立在"有效启发"和"直觉毒理学"基础之上的"社会连锁效应"。这使得普通公众和政府往往由于缺乏与风险相关的信息而可能会出现不知道争论中的风险的本质和规模,他们可能对规制风险所

---

① 〔德〕乌尔里希·贝克、〔英〕安东尼·吉登斯、〔英〕斯科特·拉什:《自反性现代化——现代社会秩序中的政治、传统和美学》,赵文书译,商务印书馆2001年版,第15—16页。
② 顾中华主编:《第二现代——风险社会的出路?》,台湾巨流图书公司2001年版,第69页。
③ 同上书,第25页。

带来的各种后果不甚了解的情况。① 事实上,政府在对风险的认知和规制的问题上也是一个有限的理性主体,他们难以掌握所有的风险信息,无法对风险作出准确而科学的判断。在这种情况下,风险沟通达成共识的过程就是消解风险的过程,而这个过程的实现是依靠简单的强调公众参与无法完成的。风险沟通是一个互动双向的过程,需要提高包括政府在内的社会主体对风险的认知,建立起新的有助于风险共识形成的、公众能够深度参与的协商决策过程,减少有限理性所造成的面对风险的盲目行动,通过法律的规制尽可能地降低和减少风险。

三、规避"有组织的不负责任":环境风险规制的要义

风险一旦出现就会自然而然地产生责任问题。在风险社会中,伴随着商品生产而出现的风险后果怎样能够被分配、避免、控制及合法化,即责任的冲突成为风险社会首要考虑的问题,而人们在处理这些风险的过程中总是想方设法回避责任。乌尔里希·贝克在《风险社会》一书发表两年之后又发表了《解毒剂》一书,在书中他以环境政策为例分析了专家垄断所产生的负面作用后提出了"有组织的不负责任"的论断,即公司、政策制定者和专家结成的联盟制造了当代社会中的危险,然后又建立一套话语来推卸责任,从而将自己制造的危险转化为某种"风险"。

具体而言,所谓"有组织的不负责任",是指:"第一次现代化所提出的用以明确责任和分摊费用的一切方法手段,在当今风险全球化的情况下将会导致完全相反的结果,也就是人们可以向一个又一个主管机构求助并要求他们负责,但这些机制则会为自己开脱,并说'我们与此毫无关系',或者'我们在这个过程中只是一个次要的参与者'。在这个过程中,是根本无法查明谁该负责的。"②

---

① 〔美〕凯斯·R.孙斯坦:《风险与理性——安全、法律及环境》,师帅译,中国政法大学出版社2002年版,第41—48页。
② 〔德〕乌尔里希·贝克、〔德〕约翰内斯·威尔姆斯:《自由与资本主义——与著名社会学家乌尔里希·贝克对话》,路国林译,浙江人民出版社2001年版,第143页。

"有组织的不负责任"①这个概念所揭示的即是"现代社会的制度为什么和如何必须承认潜在的实际灾难,但同时否认它们的存在,掩盖其产生的原因,取消补偿或控制"。② 利用"有组织的不负责任"这个概念可以很好地解释现代社会的制度为什么会在认识到了灾难现实的同时却否定它的存在、隐瞒它的根源并阻碍对它的赔偿和控制,又是如何做到这一点的。

"有组织的不负责任"表达的是一种制度失灵和法律失灵的状态。在应对环境问题的法律规制上这一状态体现得尤为明显,表现为制度不可能完全承担风险的预防、解决等责任。例如,按照传统环境法的控制策略,国家颁布了各种环境标准、污染物排放标准,建立了征收排污费等制度,以控制污染物质向环境的排放。然而环境质量一再恶化,有人诟病环境保护的控制措施是通过污染者花钱买排污权,"合法化""正当化"了风险的产生,国家征收了排污费,却未能有效地对污染进行治理,使得公众不得不承受环境质量恶化的结果。不可否认的是,环境法律法规的出台、环境标准的制定以及环境管理制度的执行,建立起某种程度的安全机制,对于环境污染的防治和环境风险的控制而言是必不可少的,然而,现行环境法律制度的运行无法阻止显在的和潜在的环境破坏日趋严重的趋势也是不争的事实。

不仅如此,"有组织的不负责任"还表现为法律不能准确界定环境破坏的责任主体。虽然污染者负担原则成为环境法的基本责任设置和追究的基本原则,但是对于环境恶化的现状和趋势,看上去却没有任何人或组织需要

---

① 贝克认为解释这一现象的关键在于:在风险社会中,那些由晚期工业社会产生的危险或人为制造的不确定性与那些由内容和形式都植根于早期工业社会之中的定义关系之间存在的一种错误匹配。贝克所关注的定义关系(可被看做与马克思的"生产关系"类似的东西)可以通过以下四组问题得到鉴别,即在认知和解决风险社会需关注和区分的几个基本范畴:(1) 由谁来定义和决定产品、危险和风险的危害性大小? 责任应该归谁:是那些生产风险的人,那些从风险中受益的人,那些受风险潜在影响的人,还是公共机构? (2) 涉及什么类型的有关原因、纬度和行动者的知识或无知? 证据或"证明"应该提供给谁? (3) 在一个关于环境风险的知识充满了争议和不确定性的世界里,什么才算是充分的证据? (4) 由谁来决定对受难者的赔偿? 来决定如何建立控制未来损失的适当方式? 参见〔英〕芭芭拉·亚当等编著:《风险社会及其超越》,赵延东、马缨等译,北京出版社 2005 年版,第 341 页。

② Ulrich Beck, *The Reinvention of Politics*: *Rethinking Modernity in the Global Social Order*. Translated by Mark Ritter, Cambridge: Polity Press. 1997. p. 28.

对此负责,甚至地方的环保机构已经构成了污染共同体中一环。企业需要通过污染来降低成本,政府需要企业来获得税收,而我们的环保部门恰恰是希望通过收取排污费来肥大自己,且企业排污越多,环保部门的利益越大。负有环境保护职能的政府、实际履行环境保护行政管理权的行政执法机构,都未能承担起保护环境、改善环境质量的责任。现行的环保体制已经成为新的制度性风险。

针对"有组织地不负责任",乌尔里希·贝克自己也提出了解决路径,即"经验的与规范的答案。如果成功的话,二者都将走向增强民主风险管理的道路。经验性答案的核心是他所谓的亚政治分析,即正常政治体制和议会民主政治渠道以外的政治。亚政治不一定是民主政治。规范性的答案仅仅偶然与经验性的答案相连,涉及激进的民主政治或者甚至生态民主政治"。[①]

随着现代社会的发展,民主的聚焦点从如何有效制约权力转移到如何有效治理国家上来。在现代民主的意涵中,自由、平等的成分不断增加,公民权利的范畴也从单纯的政治领域扩展到经济、社会、文化等多元领域,民主参与、多元共治成为社会治理的主流。民主的流变必然伴随着社会治理结构的变迁,多中心治理结构在民主进程中获得了自身存在的合法性,从单中心到多中心,成为民主发展的必然逻辑,也成为破解工业社会"有组织的不负责任"的必由之路。

多中心治理所强调的是政府权威的隐退,各种社会力量作用的发挥。具体到环境风险规制而言,需要的是对风险决策有影响的个体和组织,即各类行动者在风险决策过程中承担起更多的责任:"基于风险的考量,如何使行动者(及其所属的组织)透过认知、学习、沟通等过程,加强对行动决策的责任感,此一责任感的指向,不再是只为'自我'谋成功,而是朝向'互利''共生',并且对'趋避风险'有所'加权'的伦理要求。"以"唤起'命运共同体'的'社会连带'意思,进而试图全面修正社会机制,对个人及组织制造风险与污

---

① 薛晓源、周战超主编:《全球化与风险社会》,社会科学文献出版社2005年版,第328页。

染的'不负责任'行动加以约束"。① 也就是说,在环境风险规制中责任需要成为普遍性的伦理原则。

这种责任的要求,不仅表现在防范风险的发生上,因为风险是无法完全消失的;也表现在对风险事件的处理上,以体现风险分担的正义。对于企业而言,风险的责任伦理要求企业应审慎地开发高新技术产品,勇于承认自身行为对公众与环境带来的问题,自觉调整企业战略和行为规则,积极开展与各方当事人公开、平等的对话,真实地披露与风险相关的信息,真正履行保护公众健康、安全,减少环境侵害的责任。对于政府而言,风险的责任伦理要求政府切实承担起风险管理的职责,切实履行其促进社会民主、法治、自由,维护人权、社会公正、保护公共利益的责任。这些伦理责任的承担,需要法律的制度性保障。

另外,在法律责任的追究上,环境风险规制需要改变在追究行为的责任之际必须充分考虑行为者的主观意志和客观控制能力的惯常思维模式。环境风险规制中责任的分担应当成为责任追究机制的目的。"因此法律判断控制的本质已经有所改变,不得不把现象的盖然性与结果的严重性以及两者的相乘关系作为评估风险的标准,从而也就有必要进一步强调侵权行为制裁机制的创新,分别从无过错责任原则和保险技术等角度来考虑应对风险的方法,把分配公正的讨论重点从资源和财富的分割,转移到各种可能出现的危险和祸害以及决定权的适当分散上,通过权利欢愉以及维护权利的互动关系来进一步调动利害相关者个人在实施法律中的积极性。"②

第二节 卢曼"系统论"对环境风险规制的分析

风险社会理论很好地解释了形成于工业社会时期的环境法在应对环境

---

① 顾中华主编:《第二现代——风险社会的出路?》,台湾巨流图书公司2001年版,第37页。
② 季卫东:《风险社会与法学范式的转换》,载《交大法学》(第2卷),上海交通大学出版社2011年版,第12页。

风险问题上的不足与挑战。来自于环境及现代社会运作而产生的风险如何进入法律系统,对法律的运作机制产生影响,从而通过法律的规制来应对环境风险,这是风险社会带给法律的挑战。对此问题思考比较深入的是德国学者尼古拉斯·卢曼和贡特尔·图依布纳。

尼古拉斯·卢曼是20世纪一位伟大的社会理论家,他首先是一位社会学家,但超越了社会学,他的著述涉及法学、政治学、经济学、艺术、自然科学等广大领域。卢曼致力于建构一个普遍性的社会学理论,以涵盖所有社会学对象领域,兼顾整合与冲突、秩序与变迁、结构与过程,他提出:所有呈现出来的事实,在社会学来说是所有的社会事实,都以系统论来诠释。①

卢曼的社会学理论将社会作为一个复杂的、功能分化的社会大系统,法律是一种与经济系统、政治系统、教育系统、科学系统等相并列的次级功能系统,也就是现代社会功能分化所产生的社会子系统。系统的运作具有自我创生性,法律系统的自我创生性表现在将其他关联系统作为环境的前提下,法律系统依据自身的符码和程式进行运作,"通过调节自身来对社会进行调节"②,利用风险意义上的各种激励因素与其他社会系统进行结构耦合③,从而表现出对于社会环境"在规范上是封闭的,在认知上是开放的"④系统运作特征。

卢曼的社会系统理论与关于各具体领域的社会学理论之间存在着密切的关联。可以说,卢曼的社会学理论,是以社会系统的一般理论为基础,进而运用这种一般理论对社会系统的各个次系统进行个别化的阐释。从总体上说,社会系统理论是其整个社会学理论的重心,而关于各个社会次系统的理论,都必须被放置在社会系统理论的概念框架中才能得到理解。因此,要

---

① 唐德珍:《法律与风险:卢曼风险社会学对法律的观察》,台湾政治大学法律系1999年硕士论文,第6页。
② James E. Herget, *Contemporary German Legal Philosophy*, Philadelphia University of Pennsylvania Press, 1996, p.91.
③ "耦合"是物理学上的概念,指多个系统或运动方式之间通过各种相互作用而彼此影响以致联合起来的现象,其实质是系统之间及其运动方式的互动。
④ N. Luhmann, "The Unity of Legal System", in Gunther Teubner(ed), *Autopoietic Law—A New approach to Law and Society*, Berlin: Walter de Gruyter, 1987, p.20.

理解卢曼对于作为社会子系统的法律如何运作的阐释,首先有必要了解卢曼是如何对作为一般理论的社会系统理论予以阐明的,只有这样才能理解他所使用的各种概念所具有的基本含义。更为重要的是,如果要探讨他关于法律与社会之关系的观点,运用他的理论框架思考法律如何对社会现实的发展作出回应,首先有必要充分了解他对于社会的看法,而社会系统理论正是对于社会系统的一般理论的阐述。

一、"系统论"视野中法律与社会的关系

卢曼是从系统的角度来建立关于社会的一般理论。他在《社会系统》(Social System)一书的开篇即指出:"接下来的思考假定存在着系统。"① 在他看来,任何一种人类行动以及与这种行动相联系的各种事件和过程,都可以构成一个相对独立的系统,因此,系统可以说是无处不在的。也正是通过这样的视角,各种社会现象都得以有机地联结起来,获得一种整体性的认识。

1."系统/环境"的观察视角

在卢曼之前,无论是亚里士多德、黑格尔还是哈贝马斯,他们对于社会的理解都是建立在"整体/部分"的观察②框架之下,而卢曼认为,在现代功能分化的社会中作为价值中心的市民社会并不存在,存在的是诸个相互独立又发生着结构耦合的社会子系统。现代社会的整合机制,不再是以市民社会为基础的社会整合,而是各个系统在保持独立中的"系统整合"。换言之,卢曼采用"系统/环境"批判了"整体/部分"的认识观。

利用系统来观察社会并不是卢曼的独创,美国科学家贝塔朗菲所开创

---

① Niklas Luhmann, *Social System*, Stanford: Stanford University Press, 1995, p.12.
② 观察,就是作出区别,是带来信息的一个区别的动作,没有差异,则无法区别。卢曼将观察定义为:借由一个区别所进行的表征示,且只能是对区别其中一边的标示。卢曼的"观察"概念并不是指一种人类意识的活动,是一种通过选出某种特殊差异来认识社会、描述社会的方式,是与"自我生产"概念一样,通过对既有概念的进一步抽象化使其能适用在社会系统、心理系统等不同的系统类型中。参见唐德珍:《法律与风险:卢曼风险社会学对法律的观察》,台湾政治大学法律系1999年硕士论文,第9—10页。

的一般系统理论对卢曼产生了重要影响。贝塔朗菲在对生物系统的研究过程中,敏锐地意识到在以"系统"为范式的研究中,有可能建立起一种适用于所有系统的原理性学说。他指出:"一种全新的统一体进入科学思想圈。经典科学的各门学科,如化学、生物学、心理学和社会科学,力图从可观察宇宙中分离出要素——化学分子和酶、细胞、基本感觉、自由竞争的个人等等,指望在概念上或在实验上把它们放在一起就会产生并能够理解整体或系统——细胞、心理和社会。现在我们已经懂得,要理解一个事物,不仅要知道它的要素而且还要知道要素间的相互关系,例如细胞中各种酶的相互作用,许多有意识和无意识心理过程的相互作用,社会系统的结构和动力学等等。这就需要在我们的可观察宇宙中,探索各种系统的本来面目和特性。原来,'系统'有共同的一般方面,对应性和同型性。这恰恰是一般系统论的领域,在其他方面完全不同的多'系统'呈现出(有时是惊人的)相似性和同型性。"①

在贝塔朗菲看来,系统无非就是相互作用着的若干要素的复合体,这种观念实际上可以应用于完全不同的研究领域,如社会科学。就社会科学而言,"社会学及其相关的领域本质上是对人类团体及人类系统的研究,从像家庭到工作班组这样的小团体,到无数中等的正式的和非正式的组织,到像国家、势力范围、国家关系这样的大型联合体,因此完全可以用系统理论的方法来进行研究。"②

受贝塔朗菲这一思想的启发,卢曼认为现代系统理论是以科学方式描述现代社会的最适宜理论:"正如人们可以认为的,一般系统理论中的结构变化,特别是最近十年来的变化,能够与社会学的理论兴趣相符合。但是,这种变化也使社会学的理论达到一种迄今为止并不多见的复杂与抽象程度。"③除了一般系统理论,演化理论和沟通理论也很好地被卢曼所借鉴。虽

---

① 〔美〕冯·贝塔朗菲:《一般系统论:基础、发展和应用》,林康义等译,清华大学出版社1987年版,第3页。
② 同上书,第186页。
③ Niklas Luhmann, *Social System*, Stanford: Stanford University Press, 1995, p.1.

然卢曼社会理论的最大特点是将现代自然科学中的一些概念与理论应用于对社会的研究,但实际上卢曼并不是将科学理论简单套用于社会,对这些理论的使用都是基于他对整个社会理论基础的认识。

卢曼认识到系统理论所关注的不应该仅仅是系统内部的问题,而应该注重系统与环境之间的关系,因为系统只有在与环境的关联中才能被建立起来,也才能被观察和认识。他指出:"一个系统的结构和过程只有在与环境的关联中才有可能存在,而且只有在这样的关联中加以考虑才有可能被理解。……甚至我们可以说一个系统就是它与它的环境之间的关联,或者说系统就是系统与环境之间的差异。"[①]通过系统论的视角,卢曼成功地把维持系统结构的问题,转变成了系统本身的功能问题。他认为,"对于任何一个系统而言,不是先有结构而后决定其功能,而是先有功能的运作才产生系统结构及其运作"。[②]

2. 社会系统的自创生

智利生物学家马图拉纳(Humberto Maturana)和瓦列拉(Francisco Varela)在20世纪70年代所开创的神经生物学理论提出了自创生的理论,用以回答"生命是什么"这一问题。1974年在马图拉纳和瓦列拉在合作的一篇文章中将自创生系统定义为"那些被界定为统一体的系统,是构成要素的生产网络的系统,这些构成要素透过它们的互动往复在生成与实现过程中体现"[③]。通过自创生系统,他们将生命系统比喻成一台自创生的机器,所谓自创生的机器是指一个作为生产构成要素的要素生产过程网络而组织起来的机器,通过这些要素之间的互动和转变,持续地革新和实现生产他们的过程的网络。

在传统的理论看来,社会是由具体的个人所构成的,因而社会无法独立

[①] Niklas Luhmann, "The Differentiation of Society", in his The Differentiation of Society, New York: Columbia University Press, 1982, p.257.
[②] 高宣扬:《鲁曼社会系统理论与现代性》,中国人民大学出版社2005年版,第95页。
[③] Humberto Maturana, "Autopoiesis", in Milan Zeleny (ed.), Autopoiesis: A Theory of Living Organization, New York: North Holland, 1981, pp.21—30.

于人,而卢曼受自创生理论的启发,把社会看做一个新的实体,将社会描述为一个封闭且循环的生产的沟通过程。它虽然是通过个人之间的互动所形成的,但是社会一旦形成,就产生了自身的逻辑,而不再能够被还原为某个个人的心理或意识活动。为了说明这个问题,卢曼着力强调了"沟通"作为社会系统的基本元素的属性。

从社会系统运作来说,观察就是沟通,而在动态系统中,系统元素①就是运作。换言之,社会作为自我生产的动态系统,沟通是系统元素也是系统的运作方式。作为运作的沟通不断地指向前一个沟通,以衔接下一个沟通,是一个自我指涉的过程。同时,沟通也是观察,自我生产的社会系统正是通过沟通,不断地作出区别,不断地衔接,指出其他事物,从环境中选出某些事物作为选题,异我指涉的进行对环境的观察,由运作上的封闭性带出认知上的开放性。②"社会系统是由沟通构成的。这里没有其他的要素,没有进一步的物质,而只有沟通。社会不是由人类的身体或者心智建造起来的。它仅仅是一个沟通的网络。"③"沟通"是简化系统与其"环境"关系以确保系统自主性的再生产机制。系统的"沟通"是经由每个系统特定的二元符码来实现的。这些特定的二元符码使得每个系统对落入到该系统内的社会事件都按照自身所特有的符码来理解和处理,从而保证了系统的自主性。通过沟通这一社会系统的基本要素,实现社会的自创生过程。

当然,与其他概念一样,卢曼也对"沟通"进行了理论上的改造。原有的沟通理论把沟通视作是在表达者与接受者之间的一种信息的传递,而在卢

---

① 元素,由系统所产生,被系统当做一个单元来运用。对系统本身而言,元素是不可再分解的,这像是沟通、支付(经济系统)或是思想(心理系统),都是组成系统的元素。从另一个方面来说,社会系统的元素总是事件;事件是系统时间化的元素,是一个之前与之后差异的统一,一个事件不会持续的存在,若是系统失去了元素的实践性与新元素事件的可能性,就不再具有改变功结构、自我维持的可能性。参阅 Niklas Luhmann, *Essays on Self-Reference*, New York: Columbia University Press, 1990, pp.9—10,转引自唐德珍:《法律与风险:卢曼风险社会学对法律的观察》,台湾政治大学法律系 1999 年硕士论文,第 12 页。

② 唐德珍:《法律与风险:卢曼风险社会学对法律的观察》,台湾政治大学法律系 1999 年硕士论文,第 12 页。

③ Niklas Luhmann, "Modes of Communication and Society", in his Essays on Self-reference, New York: Columbia University Press, 1990, p.100.

曼看来,这种"传递"的隐喻至少会造成以下两方面的问题,一是会使人认为沟通仅仅是一个动作,二是会使人误以为信息在表达者和接收者那里都是一致的。卢曼反对这种表达者—接收者的沟通的两部分说,而提议采用一种信息—表达—理解的三部分说,他说:"沟通不能被视为两部分构成,而是一个三部分的选择过程。"①而这其中最重要的一个区分就是信息与表达之间的区分。

信息体现了对诸多可能性之一所作的选取,也就是某些事物能作为信息进入沟通,而许多其他的事物则被摆在一边;表达代表着沟通的形式及理由,表达的方式也是从被保留着的各种可能中选出,即使是同样的信息,也可以有不同的方式告知;当我们理解被表达的信息时,沟通才由此产生。理解是一种与信息和表达相区别的概念。理解是从诸多信息的可能性中挑选,因为我们可以通过各种不同方式来"理解"被告知的信息。因此理解的内容(或者说信息的意义),就被相对应的收受者在各种浮动的意涵中再度确认。在表达给沟通的收受方时,沟通决定了表达方式的选择;但是,表达之后,这个沟通被理解的范围仍未获得确认,必须直到对方作出下一个沟通,才能确认前次沟通所被理解的信息的内容及界线。这样反复进行下去,理解的范围扩大,不同信息之间的间隙逐渐缩小,渐次达成社会系统的一致性。所以卢曼说,"只有当自我观察到了信息和传递之间的差异、能够期待这种差异、理解了这一差异,并且能够在这一差异的基础上选择自己的反应行为时,才能出现沟通。"②

也就是说,个体不仅要感知到表达的行为,同时也要理解这一表达所具有的信息。卢曼的这种观点并不难以理解,实际上,当一个人意识到了某种信息,但不能确定这一信息是要传递给他时,无法产生沟通。当他意识到了某种信息,并且确认这一信息被传递给他,但是没有理解这一信息的内容时,沟通也无法产生。只有当他意识到了某种信息,确认自己是这一信息的

---

① Niklas Luhmann, *Social System*, Stanford: Stanford University Press, 1995, p.140.
② Ibid., p.152.

接受者,并且理解了(包括误解)信息时,才能达到沟通的效果。

社会系统既是一个沟通网络,若沟通媒介与技术的进步和提高,影响的将不只是表达能力与感受,为了处理新的复杂性,社会结构也会受到影响。新的沟通技术,如电脑、多媒体、网络等,快速处理大量信息的能力增强,沟通活动增多,沟通与实践的关系改变等等,都使得社会复杂性提高,判断真假的难度加大,个体之间的能力差距扩大,又进一步提升了社会的复杂性。

3. 社会系统的功能分化

系统分化,是指在系统中重复的建立系统,也就是将系统/环境这个区别再引入到系统中,从而在社会系统内部也形成依据不同区分符码而建构的次系统。① 就社会系统而言,其内部的分化正是社会试图降低复杂性的一种方式。社会系统无法有足够的时间逐一解决其所面临的各种问题。按照问题的状况进行内部分化,可以使得每一个次系统只需要处理较低程度的复杂性,而对整个问题的解决有部分的贡献。

卢曼把社会的分化原则区分为三种形式:区隔分化、阶层分化和功能分化。② 区隔分化是最简单的分化,将社会分为几个受限于地域性和具体的行动处境相同或类似的次系统,如家庭、部落等,这时的社会只停留在互动系统的层次上,次系统内的行动与行动可能性依赖个人的在场、共同出现而建立起来,分工程度低,沟通衔接所要求的复杂性也低。演变到阶层分化的第二阶段时,社会结构出现了不同种类的次系统,彼此间出现以上/下区别开的阶层式关系。在这种垂直分化明确的社会里,个人被归属到不同等级中,地位依然是透明的。不同阶层之间的关系是不平等的,可以简单表述为统治与被统治的关系,即要求一种对权力和财富的不平等分配。但是在同一阶层中,却遵循的是平等原则,也就是说,平等是规制内部沟通的规范,而不

---

① 按照卢曼对于系统/环境的区分,某特定系统之外的系统也是该系统的环境。由此,不断在系统中运用系统/环境的这种区别,是系统中出现以系统为环境的次系统。
② Niklas Luhmann, *The Differentiation of Society*, New York: Columbia University Press, 1982, p. 232. 参见唐德珍:《法律与风险:卢曼风险社会学对法律的观察》,台湾政治大学法律系1999年硕士论文,第15页。

平等则是规制系统与环境沟通的规范。演化到功能分化的社会,社会分化成不同的功能系统,由于所有的功能都需要被满足,且这些功能都是相互独立的,因此社会无法给予其中某一个功能以完全的优先性。各子系统只有功能上的区分而不再有等级上的优先。卢曼认为,这种分化形式相较于阶层分化而言,具有两项重要的优势:一是功能系统不再依赖于对预期环境的互补的界定;二是功能系统不用指定与其自身相关联的环境的身份。[1] 这样一来,每一个次系统都能够容忍更加开放的和变动的环境,从而可以处理更高的复杂性。

功能分化产生的每个子系统都是任意一个给定子系统的环境的一部分,当一个系统的环境发生变动的时候,系统也要相应地变化,这一给定系统的改变又是作为环境的其他系统的环境的改变,因而作为环境的系统也要相应的发生改变,这样,子系统之间构成了一种循环往复的互动关系。正如卢曼所说:"一个分化了的系统就不再仅仅是由某些部分以及部分之间的关系组成的了,毋宁说,它是由相对较多的可加以操作利用的系统/环境区分组成的,这些区分中的每一种沿着不同的交叉线都重新组成了由分支系统和环境合为一体的总系统。"[2]

各子系统之间一方面相互独立,而另一方面则相互依赖——因为每一个功能系统的存在都依赖于其他功能系统对于其他功能的承担,从这个意义上我们就不难理解卢曼对于次系统之间关系的悖论式的说明:功能分化导致了次系统间依赖性与独立性的同时增长。这样,它们虽然相互依赖甚至相互渗透,但它们不可能相互取代。

造成系统分化形式不断演变的关键在于复杂性的提升。复杂性的落差区别了系统与环境,借由不断降低环境的复杂性,系统才能维持自我的形

---

[1] Niklas Luhmann, *The Differentiation of Society*, New York: Columbia University Press, 1982, p.237.

[2] Niklas Luhmann, *Social System*, Stanford: Stanford University Press, 1995, p.7.

成、再生产。① 系统本身的复杂性越高,就能具备更多的选择可能性来处理环境变化;同时也因为系统本身元素的增加,运作与观察两方面的困难度都增高,于是整体的复杂性再次升高。所以说,复杂性的降低与升高是同时发生的。整体复杂性的不断升高,迫使新的分化形式出现,改变既有的系统结构,以解决在旧有方式下所无法处理的问题;功能分化的现代社会也就由此演化而来,而功能分化的高度发展正是现代社会的特征。

二、法律系统与风险的互动

根据卢曼的系统论分析模式,现代社会作为一个复杂的、功能分化的社会大系统,法律是一种与经济系统、政治系统、教育系统、科学系统等相并列的次级功能系统,目的是为了降低社会的复杂性与偶然性。和其他的社会功能系统一样,法律系统具有自我创生性,这种自我创生性表现在以其他关联系统作为环境的前提下,法律系统依据自身的符码和程式进行运作,利用各种激励因素进行结构耦合,从而体现为一个规范上封闭但认知上开放的,利用合法/非法这种二元符码和纲要或条件程式(法律文本)来运作的社会子系统。

法律系统作为一个规范上封闭、认知上开放的系统,社会发展的各种因素只能通过特定的方式进入系统,通过影响系统的结构耦合才能最终影响到法律系统的运作。现代社会中科技的快速发展看似扩张了人类对周围环境的控制能力,带来更为舒适便利的生活,但是受限于时间的人类依然无法预知未来,必须在各种可能性之中作出选择。对不确定未来的担忧没有因为技术的发展而减缓,反而扩展到生态、经济、医疗卫生等各个不同领域。对于不确定灾害的恐惧使得人们等不及科学研究所能提出的解释或解决方案就要求法律系统构建一套因应风险的机制,如制定各种法律法规,或是提高各种安全标准,或是追究损害责任等,试图通过法律的运作对风险加以管

---

① 唐德珍:《法律与风险:卢曼风险社会学对法律的观察》,台湾政治大学法律系 1999 年硕士论文,第 15—16 页。

理以达到对损害事先进行预防的目的。

那么具有自创生性的法律系统如何应对风险？需要了解卢曼如何通过社会系统理论分析风险社会背景下法律系统的运作功能，这一分析为思考现代法律如何应对环境风险提供了有益的启示。

对于风险现象的研究常见的情况是以"安全"作为风险相对应的概念，关心的问题是如何避免风险，确保安全。风险所代表的是负面的、人们所排斥的、不受欢迎的对象，安全才是人们要追求的结果。但是什么程度的安全才是足够的呢？一般认为安全代表着双重的确定性：损失的不会发生与机会的不会失去。由于人们无法掌握未来的不确定性，因为所失去的机会本身不会是确定的。人们无法抢在未来的前面确定通过放弃机会就果真能免去损失，或者不会后悔当初所做的安全选择。① 安全的可能性不断被侵蚀，没有人能够提出一套标准来定义百分之百安全的事物，"绝对的安全"是不存在的。

然而面对未来，人们必须作出选择。安全专家们所能做的只是运用各种数学测量技术建立起评估风险的量化模型，测量事件发生可能性的高低，努力达到理性计算所能达到的安全程度，尽可能避免损失。为了不让行动的可能性受到过大的限制必须对损害可能性与损害程度加以评估，对风险的关注也就转变为如何控制性的增加理性行动的范围。②

法律是通过确定的规范为人们的行为提供稳定的预期，从某种意义上说，法律提供的是一种安全机制，对风险的恐惧自然引发法律的关注。法律和风险注定是交织在一起的。

1. 法律和风险都是面对未来的决定

在传统理性主义思维下，认为只要认识主体能够清楚正确地认识其所观察的对象、确保所获得的知识是正确的，人类就有能力作出正确的行动以及正确的风险决定，这样一种认知表现在种种风险管理的研究上，总企图在

---

① 唐德珍:《法律与风险:卢曼风险社会学对法律的观察》,台湾政治大学法律系1999年硕士论文,第24页。
② 同上。

日常生活中的不幸、灾害发生的态度上找出是"哪里出了错",这样的思考方式意味着如果没有偏差、错误,事情就能够按照"常态"好好发展。期冀通过理性计算避免认知错误造成的损失。①卢曼对此进行了分析,并提出这样一种将风险研究当成是数学上测量或评价的思维传统是不恰当的。对风险认知的关键是在于:以人类的认知能力并无法知道未来,却又必须对未发生的事情作出决定,只有在这样的情境下才会谈到风险。②

风险是一个与时间相关的概念,从危险的角度更能理解风险的本质:未来可能发生的损失,如果是被归因于出自身决定就是风险;如果损失的发生归因于作出决定主体之外的外在因素就是危险。决定风险或危险取决于归因的过程,或者说取决于对于可能损失是由谁造成的,又是如何进行归因的。现代社会对于危险的发生不再以神法巫术或宗教的形式来理解,而将越来越多的结果归咎于人类自身作出的决定,进而逐渐认识到要将社会中发生的一切归因于全社会本身。③换句话说,越来越多的危险被转为风险看待,之前听天由命的健康寿命、财富,甚至婚姻幸福等日常生活中的各种领域,如今都成了能被选中决定的范畴,甚至自然灾害也因为防御的疏忽而被认为是风险。风险成为人们生活中不可分割的部分。

法律和风险都是与时间和决定相关的概念,风险不可避免地与法律联系在一起。法律对风险的关注始于早期航海活动,面对风险可能引发的损失,人们开始从法律的角度考虑如何分配出资人与海员间责任和损失、发挥保险的功能,并一直影响到中世纪的海上贸易和海上保险的法律。但是法律对风险的关注从一开始也是潜在地奉行了一种"风险/安全"的观察图式,关心的是风险现实化之后的责任与救济。"在法律系统内,一切风险所引致的安全问题,一般而言都可依据损害赔偿法上的'因果关系'原则,通过建立'违法性'与'应当负责'之间的关联,找到风险的肇事者,并借助民事、刑事

---

① 唐德珍:《法律与风险:卢曼风险社会学对法律的观察》,台湾政治大学法律系1999年硕士论文,第24页。
② 同上。
③ 同上书,第28页。

或者行政责任达致补偿公正。"①

随着工业化进行过程中对环境、生态的破坏,在国际环境法领域率先发展出"风险预防原则",要求"为了保护环境,各国应根据其能力广泛运用预防的方法。在有严重或不可挽回的损害的威胁时,缺乏充分的科学确定性不应被用来作为迟延采取防止环境恶化的有效措施的理由"。② 也就是要求即使存在不完全的科学证据,人们也必须对环境问题(也可以推及其他形式的风险)采取措施。其核心是,社会应当通过认真的提前规划,采取防范性措施阻止潜在的有害行为,力求避免环境破坏。这一原则逐渐从环境保护领域扩展到诸如基因、克隆、生殖、医疗等高科技影响较大的领域,表明人类社会对科技带来的不确定性风险已经开始采取一种谨慎的态度。

风险现实化前的预防和控制以及风险现实化后的责任和救济成为法律的功能重心,而且随着风险的进一步加剧,"风险预防原则"受到越来越多的关注,各国法律的控制重心逐渐由事后的救济向事先的预防转移,越来越多的防范性法律制度得以确立,在调节风险社会下的社会关系中起到重要作用。"风险预防原则"注重的是风险实现之前的预防和控制,强调的是不能因为科学上无法给出确定的依据就迟延采取防范行动,面对风险,必须采取行动预防不可逆转损害的出现。而传统法律中的"肇事者原则"更关注风险实现化后的责任与救济,是在传统的线性思维模式下通过因果关系推导出产生损害的直接责任者,由直接责任者对风险实现后的损害承担责任。当依据肇因原则处理风险遇到因果关系法则、证据法原理和责任机制不足以解决风险事件时,保险机制可成为预防原则的重要补充手段。③ 即便如此,"肇因原则"和"预防原则"并不能从根本上将风险纳入法律的控制系统。

2. 风险无法通过法律得到确定性

风险是未来的一种可能性,而法律制度提供的是对未来的一种预期,法

---

① 彭飞荣:《法律与风险:基于卢曼"二阶观察"方法的观察》,载《清华法律评论》2011第5卷第1辑。
② 《里约宣言》第15条。
③ 彭飞荣:《法律与风险:基于卢曼"二阶观察"方法的观察》,载《清华法律评论》2011第5卷第1辑。

律与风险的共同之处在于两者皆是社会系统在事务面向上拘束时间的一种形式,涉及沟通的衔接,或者说是社会系统运作的未来接连可能性。① 法律和风险都具有衔接未来沟通的可能性,都是在结构上拘束时间的形式。时间上的偶然性进一步引起社会面上的偶然性:由于未来无法预知,使得每个人对未来所作出的判断都不尽相同,决定也因人而异。社会面上的偶然性不只是在事关未来的决策方面会因人而异,也包括在谈到风险时所使用概念的多元性,以及个体对相关概念认知能力上的差异。由于风险认知本身的复杂性,社会层面上的偶然性增加了对给定风险概念进行区别的困难:对于非风险的那一边,可能被认为是安全、危险,也可能是其他关于风险的次要区别。这样,对于风险决定的共识就成为一个关于理解、关于沟通的问题,是如何理解给定风险,如何相互传递个体认识观点的问题,在这里,知识起到非常重要的作用,但是风险决定的共识并不仅仅是一个关于判定知识真假的事情。②

风险来自于对未来的决定,有预期,就会有预期实现或是预期失望的风险;加上对预期的预期,也就是预期反身性会产生更多的风险。社会系统以预期作为结构,控制沟通运作的再生产过程,并在这个过程中进一步分化出更多的社会次级子系统,更多次系统的建立又进一步起到稳固预期的作用,从而使社会系统得以维持自我生产的过程。社会系统的复杂性在这个过程中进一步升高,带来更高的风险。法律规范的建立不可能不限制自我和他人的行动,这里的关键不在于共识的形成或建立共识的理性标准,而是双重偶然性问题。自我期待与他我行为相关的"合法/非法"模式彼此互为偶然性,尽管他我在遵守或违反这个规范时心中完全不同于自我所以为的意义。③ 在这种双重偶然性中,法律系统的规范预期功能为社会系统的运作提供一定的稳定性,从而在一定程度上带给人们安全感。

---

① 唐德珍:《法律与风险:卢曼风险社会学对法律的观察》,台湾政治大学法律系1999年硕士论文,第46页。
② 同上,第25页。
③ 同上,第48页。

那么风险能否纳入法律系统,通过法律规范的稳定预期提给社会一定的稳定性呢?在卢曼看来,社会系统要能运作,必须化约复杂性并缩小可能性的范围,而这个抑制下一步可能性的运作是在一个时间架构中进行的,在这样一个系统时间化的运作中,每件可能被指出"改变"的事务都是特殊的问题。在复杂的结构前提下,针对如何解决获得时间的问题,系统演化出不同的方式,这些方式彼此间是功能对等的,可以相互互补和支持。法律与风险正是这样的系统结构,是一种对时间关系的集合与整合,由于法律和风险的相互补充和支持才使得为再次实践而储存成功的"体验"成为可能,也使系统增加本身运作过程中面对环境、回应环境的速度。①

但是法律作为一种特殊的时间拘束形式,只能解决自身的独特问题,无法通过法律的形式来解决风险的问题,风险是无法如规范般被违反,也不能归入正当性、合法性或是分配的问题里。法律上的决定、任何形式的法律规范设立都是要确保未来某些特殊事物的实践,而风险则是为在确定的社会留下一个决定未来的空间,只能作出一个风险决定,而即使决定"不作出决定"仍然是一个风险决定。② 法律系统对于风险的回应,只能是从程序上保障相关主体面对风险作出决定,或者不作出决定的权利,即法律的"程序理性",对风险本身,法律系统无法给出确定性的答案。在风险规制过程中,法律所能提供的确定性在于风险利益相关者参与风险决定的权利。

3. 政治系统吸收风险影响法律系统

风险决策不仅影响到法律系统,更是一个政治问题,甚至政治性特征更为明显。在政治系统中,尽管国家的行政组织体制十分完备,但是却无法准确地评估环境风险的后果。通过规制性的政治,政治系统还是企图适当地把握结果,不断作出决策并且执行来影响其他功能系统。然而,政治系统对其他功能次系统的控制可能性却与其实际上执行决策的能力成反比,其中最明显的例子就是,福利国家中政治系统能力的惊人扩展却带来了巨大且

---

① 唐德珍:《法律与风险:卢曼风险社会学对法律的观察》,台湾政治大学法律系1999年硕士论文,第46—47页。
② 同上书,第49页。

不可控制的增加风险机制。①

由于有关风险的决定往往不是个人所能作出的,决定者与被影响者会以不同的归因方式,各自标示出风险与危险的一边。决定者接受或者不接受的风险,会成为被影响者的危险。② 虽然决定者与被影响者因为不同的归因方式而成为风险沟通中两个不同方向的代表,但实际上决策者和被影响者却难以依照某个社会系统的差异,如角色、职业或组织进行清楚的归类。在决策者、被影响者和受益者彼此间是孤立的情况下,决策者也未必可以从决定中获得好处,被影响者也不只是面临危险。

随着社会系统复杂性的提高,判断受到风险决策影响的范围也越来越困难,复杂系统的运作,有关风险的决定还会反过来影响决策者自身。例如,在某地规划建设化肥工厂,工厂建设地的居民虽然是首当其冲的被影响者,土地被征用,周围生态环境被迫改变,但是在就业机会上又是获利者;住在远距离的农民、消费者,通常不被当成是设厂决策中的被影响者或决策者,却当然地享受到外在稳定的好处,如价格稳定的化肥、物美价廉的蔬菜粮食。从更大范围的风险来说,温室效应、人口爆炸、经济金融危机或是植被改变造成水灾、旱灾,受影响的范围不排除先前制定、引导政策法规的专家、立法者官员或是企业主。③

这样的矛盾也还是只能通过政治系统来解决。由于风险现象表现在社会系统中是"现在的决策决定了未来的可能性,而不被期望的现在又被认为是过去决策所产生的意外结果"。④ 如此一来,面对环境风险所引发的恐惧和不安,政治系统便成为诉求实现的直接对象。未参与决策却受到决策影响的个人对政治系统的参与呈现出相当高的积极性。风险社会下的政治要求是分散决策权力,使政策的形成过程更多元,更有弹性,主张尽可能让个

---

① 唐德珍:《法律与风险:卢曼风险社会学对法律的观察》,台湾政治大学法律系 1999 年硕士论文,第 58 页。
② 同上,第 40 页。
③ 参见同上。
④ 唐德珍:《法律与风险:卢曼风险社会学对法律的观察》,台湾政治大学法律系 1999 年硕士论文,第 59 页。

人参与决策过程,为自己的决定负责,以实现风险的合理分配。风险实际承受者的参与诉求反过来要求法律给予权利确认,保障公众有合法的渠道参与到政治决策中去。面对风险,科学无法给出确定的判断,风险的不确定性在政治系统中也是一样存在的问题。无论政治系统中的结构如何,关于决策者与被影响者群体间的冲突都难以通过经验研究上对风险所做的数量分析来引导共识的形成。基于各自认知能力的不同,以及可能受到风险影响的程度和范围的不同,相关群体以及大众媒介会以不同的方式来认定风险,因此在决策事项上也会产生一定的模糊界限难以得到双方的同意,损失的精确界限也只能得到有限的确定。决策者与被影响者在情境上的差异,不只反映在风险认知和评估的内容上,还包括对决策时间点的选择,风险决策是一个复杂的风险认知和各种利益平衡的过程。

政治系统为回避风险决策的责任,通常的做法是通过立法保障公众参与决策。法律在多大程度上确认公众参与风险决策的权利,以及通过何种形式和途径参与,就成为法律系统需要解决的问题。由此政治系统面对风险决策的难题便进入法律系统解决。面对政治系统对风险的回应,法律所能做的只是确认被影响者的参与权,通过法律对参与的程序性设置,让决策者不能拒绝或推诿参与者的参与。

公众参与风险决策的最终目的是能够影响决策的结果。而要参与真正发挥实效,需要决策者能够尊重参与者的意愿;如果决策者和参与者之间的分歧无法化解,被影响者的参与等于只是在否定问题的存在,或者是通过拖延解决问题来获得时间。这对于风险的决策或许是有意义的,因为风险的发生条件也是在不断变化的,即使在参与决策的过程中,被影响者也面临风险的不可避免性,可能改变态度,但是影响了决策的效率。如此一来,被影响者参与所能发挥的作用可能更主要的是沟通,通过沟通实现对风险认识或风险决策结果共识的形成。

对于沟通的重视,是风险社会政治发展的必然。然而,沟通并不单纯只是明确对公众告知风险与危险的信息。更多的沟通协商、获得更多的知识信息,一种可能是加深决策者与被影响者的对立,各自面对的不同损害可能性与程度并不会因为沟通而改变,沟通的作用最多可以预期排除明显的错误,但在高度复杂的因果关系中,很难影响决策态度,只会加强既有的配置,而非改变被影响者与决策者各自面对的不同损害可能性与程度。① 另一种可能是被影响者与反对者在参与决策的过程中,由于面对风险的不可避免性,利益混合,而转变原本的风险认知和评估。然而这样的结果也只是再制造决策者/被影响者在结构上的差别,又会有新的遭受危险的群体、新的被影响者尚未参与决策,除非被影响者的群体根本无法组织、实际上无力传达反对声音,否则只会不断地产生新一群的决策者与被影响者,没有限制的"增加参与"。②

卢曼对缓和风险社会结构的不确定的建议则相对平和:"降低对技术的依赖;吸引科学与组织注意技术装置的具体问题处理;避免因为对不确定的未来感到格外恐惧或兴奋,而引发灾难。"③相应的,卢曼认为面对风险应该强调的是风险对话,"以风险对话,了解不同群体彼此的观点差异,作为使歧见成功合作的前提"。④ 而实现风险对话的先决条件是:认识到风险议题是对话的基础,以个人对风险的预期作为对话中最重要的信息。要抛弃"风险/安全"的架构,个人必须确信能在风险状态下生存;要承认作出决定是可能的,愿意持续修正自身的风险态度,保留足够的选择可能性,决策者唯一必须信赖的是对话者的自我约束。⑤ 这种要求对法律系统提出了更大的挑战。或许面对风险问题,现在能够唯一达成的共识只是:风险是无法回避的,人类社会必须与风险共存。

由于政治系统和法律系统的结构连接,政治系统对风险的应对需要通过立法、行政活动而转入法律系统。法律需要在何种情况下赋予多大范围内的受影响者在多大程度上享有参与的权利,根本上还是需要政治系统回

---

① 参见唐德珍:《法律与风险:卢曼风险社会学对法律的观察》,台湾政治大学法律系 1999 年硕士论文,第 60—61 页。
② 同上,第 84—85 页。
③ 同上,第 83 页。
④ 同上,第 85 页。
⑤ 同上。

答面对环境风险挑战到底要如何回应。这样的结果似乎是政治系统把法律只视为它自己特有的执行工具,而且另一方面在法律系统中会有愈来愈多的决策不是以特定的司法方式来决定,而只需要被确立下来就够了。① 政治系统和法律系统是互为环境的,政治系统对风险的吸纳借由立法、行政活动进入法律系统,而风险进入法律系统后又要依赖于法律系统的运作来实现人们对未来的预期。政治系统对风险的回应也影响法律系统的运作,当然,在一定程度上也对法律系统的结构提出了挑战。

三、法律系统中的环境风险

随着工业化发展引发环境问题的日益严重,法律被用来应对因工业发展而来的环境风险自然成为社会发展的必然,环境法由此发展起来。自然环境本身并无某种污染的边界值、水质的标准值,以及测量单位等限定,而法律为实现对相关利用环境的行为进行控制的目的,对此必须通过法律规范作出规定。在环境基准值的确定上,虽然科学提供了一定的决策依据,但是对于整个社会接受环境风险的意愿以及能够容忍多大程度的环境风险来说,都是一个社会达成共识的问题,共识的结果通过环境法律的规定予以确定。

整个社会希望通过环境法律法规将某些破坏环境的行为界定为违法,或者加重原已被界定为违法的某些生态破坏行为的法律责任,以此来减少或避免一些污染和破坏环境的行为,引导人们的行为向着环境友好的方向发展。但是实践中的效果并不尽如人意,如在我国环境法的实践中就出现了一方面是大规模环境立法的制定出台,另一方面却是环境的持续恶化、越来越多的环境风险成为实实在在的环境损害的现状。究其原因,以法律为工具达成对环境风险进行规制的实质目的的尝试是否能够成功,并不是单单取决于法律规范本身,而是依赖于许多法律规范以外的因素,依赖于法律

---

① 〔德〕尼克拉斯·鲁曼:《生态沟通:现代社会能应付生态危害吗?》,汤志杰、鲁贵显译,台湾桂冠图书股份有限公司2001年版,第117页。

系统的自创生运作。

1. 环境风险如何进入法律

面对生态问题，法律也只能以它自己特有的、系统特定的方式对社会环境给社会所造成的危害加以反应。环境风险能否进入法律系统，首先要有相应法律规范的存在。假如某类生态风险在实证法上完全无法可依，"合法/不合法"的二元符码对之完全无法应用，那么这类问题就会被排除在法律系统之外，法律、律师和当事人根本不会视之为法律问题。

在环境法的发展中，随着人们环境意识的高涨，越来越多的环境问题有了相应的立法规范。然而这并不代表着相应的环境风险就纳入了法律系统的运作。依据卢曼的系统理论，法律系统的自我生产须依据法律规范、判决、法律理论、法律论证、法律教义学等一起运作，以文字书写形式出现的法律文本结合法律系统结构提供法院判断案件的统一性标准来实现法律的沟通。[①] 环境风险能否作为信息进入法律系统，有赖于法律系统独特的沟通模式，相关的信息只能是通过特定的符码和条件程式的方式进入。

环境风险进入法律的沟通过程，需要"环境事件通过二元符码化转化为信息系统能够接受的信息，再经过系统纲要的促成，当生态的问题态势穿越符码化及纲要化的双重过滤之后，它就获得了系统内的相关性，而且当有需要的时候会获得广泛的重视——它是如此获得相关性的，而且也只能以这种方式获得相关性"。[②] 所以有关环境法律规范的存在并不一定就代表着相应的事件已经进入法律系统。例如在环境法中有很多政策宣示性、引导性的规范[③]，由于不是遵循法律系统的运作模式，难以通过"合法/不合法"的二元符码进行判断，导致实际的法律沟通无法实现，法律系统的运作不能取得预期的法律实践效果。"法律系统并没有对社会的其余部分(它的全社会的

---

① 参见唐德珍：《法律与风险：卢曼风险社会学对法律的观察》，台湾政治大学法律系1999年硕士论文，第23页。
② 〔德〕尼克拉斯·鲁曼：《生态沟通：现代社会能应付生态危害吗？》，汤志杰、鲁贵显译，台湾桂冠图书股份有限公司2001年版，第182页。
③ 如《中华人民共和国环境保护法》第7条规定："国家鼓励环境保护科学教育事业的发展，加强环境保护科学技术的研究和开发，提高保护科学技术水平，普及环境保护的科学知识。"

环境)告知任何东西,而只有告诉它自己,在当下什么东西是合法或者不合法。法律对社会所具有的无可置疑的影响,正是建立在这一切都是在法律系统之中发生的这件事情上。"①

由于对于法律系统来说在"当下"只存在着"合法/不合法"两种可能性,法律系统的运作需要确定来自于环境的信息在当下"是否涉及合法或不合法"。如何确定"当下是否涉及合法或不合法",则需要相应的规定,这就是纲要。"换句话说,必须再加上具有法律规范性质的纲要,这些纲要把正确决定的条件加以固定下来。"纲要存在于法律或命令中、在章程或议事规则中、在法官的判决或者在契约之中。"在这一个纲要化的层次上,系统同时是封闭的又是开放的:就规范的性质只能从规范获得这一点来说,它是封闭的;就认知的观点在上述过程中扮演了一个角色来说,它是开放的。对环境取向以及对系统的自我取向来说,认知都是必要的,在确定规范应用的事实性条件上,以及在判断规范本身合适与否,或是否需要变更上,认知都是必要的。所以系统在运作上自始至终便是对环境条件极其可能的变迁'开启着的'。"②这为环境风险进入法律系统提供了可能性,只是这种进入需要通过特定的方式进行。

依据卢曼的观点,分化了的诸社会系统与外部环境之间只有基于它自己特有的频率才能产生共振,虽然环境事件需要经过"符码化"及"纲要化"的双重过滤之后才能获得系统的相关性,但社会系统(包括法律等子系统)对生态风险产生共振是一件概率极低的事。法律面对环境风险的时候,"即使人类因自己对环境的利用而损坏自己生存和生活的前提条件这一问题,法律系统以'共振'方式作出回应,因为受到这种'选择性'的约束,可能在不同意义上是'过少'或者'过多'的"。③ 虽然"系统自己调制着'什么东西对它

---

① 〔德〕尼克拉斯·鲁曼:《生态沟通:现代社会能应付生态危害吗?》,汤志杰、鲁贵显译,台湾桂冠图书股份有限公司 2001 年版,第 103 页。
② 同上书,第 103—104 页。
③ 金自宁:《现代法律如何应对生态风险?——进入卢曼的生态沟通理论》,载《法律方法与法律思维》2012 年第 8 辑。

来说是信息'这件事"①,但是"因为任何一个独占地且普遍地负责自己特有的功能的系统,是独立的调制着共振的振滤条件,但它同时却无法控制引发共振的环境诱因"。② 更多的环境风险进入法律,乃至社会系统之中还是有充足的余地的。

如何才能让环境风险引起法律系统的共振,从而进入到法律系统,这是通过法律来控制环境风险所应当关注的。然而目前很多的环境风险事件由于人们的恐慌而引起社会的广泛关注,如厦门 PX 项目建设。人们通过短信等形式获知要在厦门建设 PX 项目后,整个社会会把目光聚焦于环境法,寄希望通过环境法的实施来解决相应的环境风险问题,但是最终却失望地发现有关项目的审批在法律上是无可争议的,是合法的,但是合法的程序却无法排除人们对环境风险的恐惧,也无益于事件的解决,最终,民众不得不以政治的方式将该项目赶出厦门。

某一社会子系统对环境风险的共振也会影响其他系统的运作。"由于各子系统之间互为环境,每一个子系统与自己环境的选择性'共振'都可能被其他子系统当做自己环境中无意义的噪音或者是有意义的信息,这样,某一功能子系统对于环境的共振,就有可能在社会系统内因子系统之间循环往复无穷无尽的相互激荡而发生效果爆炸。"③从这个意义上讲,法律系统对环境风险的选择性回应不仅将某些环境风险纳入法律的解决路径,同时这种选择也影响环境风险进入政治系统、经济系统等其他系统的运作之中,影响其他社会子系统通过自身的运作对环境风险作出某种程度的回应。例如,对污染企业排放的污染物质可能引起环境退化的风险,环境立法要求污染者交纳一定数量的排污费以防治环境污染,而这样的规定将促使经济系统中的企业在做决定的时候更多考虑对环境的影响,从而将对环境影响的

---

① 〔德〕尼克拉斯·鲁曼:《生态沟通:现代社会能应付生态危害吗?》,汤志杰、鲁贵显译,台湾桂冠图书股份有限公司 2001 年版,第 183 页。
② 同上书,第 186 页。
③ 金自宁:《现代法律如何应对生态风险?——进入卢曼的生态沟通理论》,载《法律方法与法律思维》2012 年第 8 辑。

考虑引入经济系统的自主运作。

2. 环境风险的不确定性带来法律系统恣意的增多

随着生态问题的日益严重,越来越多的环境风险进入社会系统,环境风险的大量进入也影响到社会系统本身的结构和运作。就法律系统而言,在环境问题严重到需要法律调整之前,法律系统是早已存在的。虽然法律系统自成一体运作的闭合性使其具有相当强的抵抗"外来"干扰,包括应对生态风险的社会压力的能力,面对现代环境问题,现代法律确实对环境风险作出了一定程度的回应。针对早期的环境问题,新兴的"环境法只是借助于稍微修改了的问题提法逐步地渗入像土地规划法、管辖权限法规、警察法规、营利事业法规、税捐法规、宪法等惯有的法律领域中"。①

随着环境问题的日益严重,环境法逐步发展壮大,遵循着法律对安全追求的惯常思维形成针对环境风险的规制方式:科学研究获取的经验以及研究下获得的数据统计成为作出判断的基础,通过立法预设种种责任上的容忍底线或是安全标准,制定常规的测量程序与计算基础;科学专家的评估建议在法律决定的作出过程中越来越多地被采纳;进行环境风险规制的专职机构依法成立,并依据法律法规的具体规定与行政组织的运作来处理不同的风险事项;在金钱补偿或预防性监督的安全概念下,依据传统风险分担原则和因果归责原则要求污染者付费,约束风险可能的制造者,使尚未发生的人身或财务损害成为可计算、可被管理的对象,以便于事先预防或者事后补偿。

法律系统对环境风险的回应,使得"在与环境有关的法律决策上,恣意的成分明显的增加了"。② 特别是在确定环境风险的基准线或门槛,明确接受风险意愿或对风险的容许水平、权衡相互冲突的环境相关利益三个方面。面对生态危机与科技风险的威胁,不论是乐观或是悲观、赞成或反对的主张,在既有的社会结构运作下,依赖专业知识作为风险决策的判断基础是不

---

① 〔德〕尼克拉斯·鲁曼:《生态沟通:现代社会能应付生态危害吗?》,汤志杰、鲁贵显译,台湾桂冠图书股份有限公司2001年版,第107页。

② 同上。

争的事实。然而由于复杂的社会系统运作,在科学、伦理和政治方面对环境风险的共识很难达成,最终使得相关的法律规定只能是"任意的"。

法律决定的这种恣意的增加,也引发了法律系统自身的一些改变。"这一切对法律系统来说绝不是全新的问题类型,但就生态的问题意识开始对法律施加压力来说,他们获得了一个新的强度和影响范围。"①在法律中恣意程度升高的同时,人们会发现由于风险的不确定性,以及风险共识形成的不精确性使得所有的决策问题成为开放的。在环境法中,环境保护优先的原则,以及行政的任务是"获得一般的公共利益和个体利益之间的均衡,并且使这种均衡和环境保护的要求取得一致"成为普遍接受的理念,而这里如何优先,如何均衡都很难确定,只能被恣意地执行。针对环境风险不确定的这种恣意的法律执行也导致在环境风险管理上普遍接受的"在风险极小化的情况下,使所有预期的效用极大化"这个决定规则失灵了。②

之所以出现这样的结果,是因为在以传统安全为法律追求目标的模式下,实证法上更多地表现出一种结果取向,法律的存在是为了妥善地组建起各种可靠性更高的模式。然而接踵而来的科技、生态问题使得传统上关心在法定程序下重建过去事实、评价对错的民事刑事判决,必须处理越来越多涉及科技、经济等专业知识的案件,在这些案件的处理中单凭法学知识作出裁决、判断因果关系,决定责任归属,不免显得捉襟见肘。风险社会中的法律实践进一步说明法律本身并不能提供安全,"法律被误用来传达安全可靠的印象,而事实上能够得到的只是各种合理的推测","这种做法定位于结果

---

① 〔德〕尼克拉斯·鲁曼:《生态沟通:现代社会能应付生态危害吗?》,汤志杰、鲁贵显译,台湾桂冠图书股份有限公司2001年版,第109页。

② 经验研究明白的显示出,接受风险的意愿相当依赖于个体的人格特征、社会系统、情境的条件,以及依赖于刚刚成为过去的经验,这样,法律只能恣意的将容忍的界限加以固定。风险在法律上成为"恣意固定住容忍界限"。不同的接受风险的意愿无法加总起来,而且它们在很高的程度上是建立在自愿的基础上,以至于它们有可能被一个具有法律形式化的苛求所改变。以集中的方式来估算与确定风险评估和风险容忍是不可避免的,而且这不能以共识做支撑,人们会过度地期待这样的风险评估与容忍,这样一来就使得接受风险的意愿自动的下降。参见〔德〕尼克拉斯·鲁曼:《生态沟通:现代社会能应付生态危害吗?》,汤志杰、鲁贵显译,台湾桂冠图书股份有限公司2001年版,第110—112页。

倾向性在很大程度上并不会达到目的";因为扰乱了一个有独立运作机制的系统,而"将会产生出各种意想不到的副作用",而应付这些层出不穷的意外后果会使法律系统内部复杂性急剧增加,显现"不堪重负"的种种症状。①

对生态问题的回应导致法律中恣意成分的增多,"对这一个特殊的、不是只在环境法中出现的恣意成分做更精准的分析,将立刻显示出,在此人们既无法回溯到'事务的性质'上,也无法回溯到一种所有理性及正确的思考者的基本共识上。人们必须加以确定的临界值恰恰无法在性质中找到任何安定的依靠点。对此来说,生态的问题是太复杂、太相互依赖、太依赖于各自的状态、太无法预测、太过于被热力学之开放系统的'耗散结构'、突然的稳态转化及类似的形式变化所决定。人们对风险的接受在主观上是极为不同的,决策理论的研究已经获得这样的结果,以至于从来就无法借着一致的评价来达成共识。最后,那些由环境所媒介的因果关联的广泛性及不透明性,会使得所有的价值共识都显得脆弱"。② 生态风险的不确定性导致法律的不确定性,法律难以通过实体性的规范为生态风险提供确定性的安全规范,但是法律可以通过对风险决策程序的设置为衡平各方利益提供一个平台,并最终面对风险形成一个社会可接受的决策结果。

3. 政治无法解决法律系统的难题

环境风险的不确定性进入法律系统后只会形成这样的结果:由于在生态问题上人们仅借着相互理解无法控制系统/环境关系,导致无论法律系统如何决定都无法避免被指责为"任意"。现代法律人很容易相信:通过把生态风险相关的一些棘手问题标记为"政治"问题,并声称民主政治程序能够"制造"法律系统内缺乏的共识,并将此共识通过立法活动转化为法律规范

---

① 卢曼:《法律的自我复制及其限制》,韩旭译,载《北大法律评论》1999年第二卷第二辑,第468页;金自宁:《现代法律如何应对生态风险?——进入卢曼的生态沟通理论》,载《法律方法与法律思维》2012年第8辑。

② 〔德〕尼克拉斯·鲁曼:《生态沟通:现代社会能应付生态危害吗?》,汤志杰、鲁贵显译,台湾桂冠图书股份有限公司2001年版,第117—118页。

之后再进入法律系统,法律系统就可回避对之作出上述必然会受到指责的"任意"决定。①

然而,以卢曼的功能分化系统视角来看,这只是一种虚假的"安慰"和"幻想"而已。在卢曼看来,政治和法律是分立的功能系统。虽然二者密切连接,但是政治系统的功能在于形成和贯彻有集体约束力的决定,而不是维持规范性预期。政治系统和法律系统在运作上各自闭合,互相视对方只是自己环境的一部分。政治和法律之间因立法活动而发生的、不同寻常的紧密联系,仍只能以有高度"选择性"的"共振"方式发生。②

一般来说,特定的环境风险往往首先引发人们心理上的恐慌,继而公众产生要求参与特定环境风险决策的愿望,以自己的参与决定自身的风险命运。这样,环境风险首先通过政治系统的符码过滤而被纳入其特有的运作程式。经过政治系统内权利斗争,或者说取得有效表达的民意,经过民主审议的程序,特定的环境风险才会进入政治系统经过民主审议程序——同时也是法律系统中的立法程序——颁布为环境风险有关的法令,进入法律系统的运作。政治系统所影响或者改变的只是法律系统的条件程式,是何种信息可以进入法律系统,而环境风险进入法律系统后,通过法律系统的运作实现对风险控制的规范预期功能还是需要通过"合法/不合法"的二元符码运作来实现。

对于环境风险,政治系统也需要面对"决策于不确定性之中"的问题,而且风险带给政治系统更加广泛的公众参与要求,这些要求通过立法等形式将环境风险的决策引入法律系统。认真考虑一下就会发现,确定环境风险的基准线或门槛,明确接受风险意愿或对风险的容许水平、权衡相互冲突的环境相关利益这样的决策问题,并不只是尚未形成"共识",因而需要想方设法努力促成共识形成就可解决的问题。系统的环境对于系统而言,永远都是有风险的,生态风险属于那种不可消除而只能与之共存的问题,一个无解的问

---

① 金自宁:《现代法律如何应对生态风险?——进入卢曼的生态沟通理论》,载《法律方法与法律思维》2012年第8辑。
② 同上。

题。在这些问题上,我们能够唯一达成的共识是:我们对这些问题的无知。①

面对环境风险的挑战,"人们暂时只能观察到,法律系统以一种规定急剧增加与复杂化的方式,来回应环境法的迫切需要。在政治系统和法律系统的界限上,在二者的共同作用下,形成了一个新的规范大潮;接着,政治系统发现自己必须要佯称'它同时想要去法律化和法律化',却又必须能应付的了这个事实"。②

除了有关环境风险的法律规范增多之外,在关于法律的执行、贯彻、及对偏差的有效阻止上,由于对环境问题的关注日益增加,现在出现了"对迄今为止的理解和经验重新进行评价,且人们暂时只能从对迄今曾出现过的制度加以变形"这个趋势中辨认出新的执行形式,例如"公法的私人执行"或是"协商管制"。③

对行政来说,有关风险的可强制性的法律需要在更为广阔的范围内发挥实现协商的作用。为了实现协商,行政有时可以达成那些无法加以强制的妥协,有时可以放弃严格执行,并且就它本身来说,需要并且能够在一个符合合法性的灰色区域内重新把规制目标降低。公法的私人执行和协商管制这些新的发展趋势都是对传统法律结构的偏离。当私人的法律执行者再度将某个管制要求放松,或是精确地阐明那些协定在法律上有问题的地方,两种方式可能会出现彼此相互碰撞的情况。当然,在法律的实际运作中,这两种新的强制方法可能可以达到一种相互制衡的均衡状态,而法院也有可能对此发展出新的判定标准。比起只停留在规范内容的层次上,人们可以观察到,生态沟通将法律系统的古典结构加以变形了,并且能观察到这是如何进行的。④

---

① 金自宁:《现代法律如何应对生态风险?——进入卢曼的生态沟通理论》,载《法律方法与法律思维》2012年第8辑。
② 〔德〕尼克拉斯·鲁曼:《生态沟通:现代社会能应付生态危害吗?》,汤志杰、鲁贵显译,台湾桂冠图书股份有限公司2001年版,第120页。
③ 金自宁:《现代法律如何应对生态风险?——进入卢曼的生态沟通理论》,载《法律方法与法律思维》2012年第8辑。〔德〕尼克拉斯·鲁曼:《生态沟通:现代社会能应付生态危害吗?》,汤志杰、鲁贵显译,台湾桂冠图书股份有限公司2001年版,第120页。
④ 〔德〕尼克拉斯·鲁曼:《生态沟通:现代社会能应付生态危害吗?》,汤志杰、鲁贵显译,台湾桂冠图书股份有限公司2001年版,第121页。

第三节　协商民主理论对环境风险规制的指引

在环境问题的解决上,以行政规制为主导的因应模式发挥了极其重要的作用,然而面对高科技带来的环境风险的极度不确定性,传统的以国家行政干预为主导的、以法律的确定性为核心的策略模式内在本质逐渐暴露出弊端,应对环境风险,法律必须发挥其反思理性,放弃对社会进行完整规制的企图。法律只提供可以选择的规制,端视其所关注的是否能够符合其目的,也就是法律的使用与否,视其是否能符合社会的需要,否则便不予使用。不再认为法律规则是严格的权威性的行为期待,并且必须有严格的结果。法律的有效性乃在于被规制者自己的裁量。① 换句话说,环境法必须借助其他社会力量来处理社会问题,发挥社会自治,在具体的环境风险决策上,通过广泛的民主协商寻求理性共识的形成,而非对涉及环境风险的社会行为进行直接的规制。

环境风险本身的复杂性加剧了环境决策形成的困难。其复杂性,一方面源于科学还无法对生物体系及物理体系之间的复杂关系给出精确的解释,很多环境风险表现为不确定的风险;另一方面也源于人们对于生态体系所展现的社会、经济价值认知的不同,这些认识的背后又与复杂的利益关系纠结在一起,而这些价值所赋予环境的意义,并非只是通过所掌握的科技知识就能理解的。环境风险的不确定性与复杂的利益关系相互纠结,使得问题的处理也变得更为复杂。②

不管是法律系统的运作,还是政治系统的运作,风险的可能受害者参与

---

① Teubner, G., *Law as an Autopoietic System*, Anne Bankowska and Ruth Adler (trans.), Zenon Bankowski (ed.), Oxford: Blackwell Publishers,1993,p.94.
② 例如对于因环境问题而引发的群体性事件的频发,有学者就提出遭到反对的建设项目实质上牵扯征地拆迁、渔业受损等诸多复杂利益,而环保最终以正当性充当了各种利益诉求的集中爆发点。参见《求解环境群体性事件》,载《南方周末》2012 年 11 月 29 日。

风险决策的诉求愈发强烈。在风险决策过程中,对于不可预见、不可操控的风险,风险沟通是很有必要的,通过沟通程序,所有风险的可能受害者都可以了解到科学的不确定性,了解自己所面临的风险及其危害,以及个人不同的价值观支配下的利益诉求。经过沟通,各种问题和利益诉求得以呈现,问题的解决也就有的放矢了。

环境保护不仅仅是政治家的责任,对环境议题的发言权也不是科技专家的特权,因为专家系统在风险社会也已经变得不是那么可信了:在当今许多环保争议中,决策者常常会以环境议题的高度复杂性以及科技解决污染及资源使用的能力为理由,来贯彻公权力。然而每一个专家,每一个学者,都有来自其各自的专业背景以及学术训练,必然也存在特定的世界观以及由于专业训练所存在的偏见。因此没有一个科学家是能够绝对中立的代表科技,他们的利益及价值观必然影响到他们的科学判断。任何科技专家所作出的政策也都只是许多选择中的一种而已。风险的出现,打破了科学家的知识垄断,打破了科学对理性的垄断。应对风险,要求的是所有的利益相关者诉求、利益、观点的表达,以及共同的决定。高度复杂性的环境保护议题的决定,只能由利益相关者在专家根据其专业知识提供的各种选择方案基础上作出决定。

面对生态危机的年代,我们必须建立一座桥梁,一方面促进公民对于其种种消费行为造成的环境后果有更深的体认,提供改变其偏好的可能机会,另一方面提供公民针对种种相关知识,审慎地在许多决定中作痛苦的抉择。而这一桥梁,就是建立在公民广泛参与基础之上的协商民主。荷兰的沃特·阿赫特贝格说道:"实践的结果只有一种类型的民主,那就是沿着协商民主的方向拓展和加强自由民主,只有它才能使风险社会从容应对生态灾难并实现可持续性发展的目标。"[①]

[①] 薛晓源、周战超主编:《全球化与风险社会》,社会科学文献出版社2005年版,第317页。

一、协商民主的内涵

"协商民主"(deliberative democracy),又译为"审议性民主""商议性民主"。协商的观念本身并不是一种新的发明,但是协商民主理论的兴起时间并不长。1980年,美国克莱蒙特大学政治学教授约瑟夫·毕塞特在《协商民主:共和政府的多数原则》一文中首次从学术意义上使用"协商民主"一词,他主张公民参与而反对精英主义的宪政解释。1987年和1989年,伯纳德·曼宁和乔舒亚·科恩相继发表《论合法性与政治协商》《协商民主与合法性》,真正赋予协商民主以动力。20世纪90年代后期,协商民主理论引起了更多学者的关注。1996年,詹姆斯·博曼出版了论述协商民主条件的著作《公共协商:多元主义、复杂性与民主》;1998年,哥伦比亚大学社会科学教授乔·埃尔斯特主编《协商民主》一书,提出:作为一种政治决策机制,讨论与协商是对投票的替代;罗尔斯与哈贝马斯也分别出版了论述协商民主的著作,在书中他们都将自己看成是协商民主论者。作为对自由主义、共和主义、多元主义和精英主义理论的反思或一种可能性的替代,"协商民主"已经成为当代西方政治学理论研究的热点之一。

协商民主,简单地说,就是公民通过自由而平等的对话、讨论、审议等方式,参与公共决策和政治生活。政治学家从作为决策形式、作为治理形式、作为社团或政府形式三个角度分别对其进行解释;还认为其具有多元性、合法性、程序性、公开性、平等性、参与性、责任性、理性等特征。[①] 在协商民主中,自由而平等的公民(及其代表)通过相互陈述理由的过程来证明决策的正当性,这些理由必须是相互之间可以理解并接受的,协商的目标是作出决策,这些决策在当前对所有公民都具有约束力,但它又是开放的,随时准备迎接未来的挑战。[②]

"协商民主"是一种新的民主理论与实践形态。"在协商民主中,公民通

[①] 参见陈家刚:《协商民主:概念、要素与价值》,载《中共天津市委党校学报》2005年第3期。
[②] 谈火生等编译:《审议民主》,江苏人民出版社2007年版,第7页。

过交换他们的公共理性在自由而开放的谈话中坦言相见,即使他们的理由没有说服对方,只要他们认真对待和回应对方关切的事情和所持的看法,他们也就能够得到对方对他们看法的合理领会与思考。"①通过商议性民主,公民可以通过对话(discourse)决定他们追求什么样的法律和决策,而对话的成员尊重对方,他们都拥有商议的能力。在商议民主看来,对话的参与者之间存在多元性:不同的利益、不同信仰与不同的理想,因而通过对话以解决问题或作出决策。"公共协商的目标是,那些有着不同的视角和利益的人们一起来解决某个问题,这是一个必须以对问题的一直理解为起点的过程。"②最终,平等、自由的公民在公共协商过程中,提出各种相关理由,说服他人,或者转换自身的偏好,在广泛考虑公共利益的基础上、利用公开审议过程的理性指导协商,从而赋予立法和决策以政治合法性。

协商民主的核心观念是通过公民之间在理性、反思以及公共判断(public judgement)的条件下,共同思索公共的问题以及公共议题的解决方案。换言之,它试图解决一个重要的问题:如何建构出一种在各方皆有意愿理解彼此价值、观点及利益的前提下,共同寻求公共利益以及各方均可接受的方案,并重新评估界定自己利益及观点的可能性,以真正落实民主的基本价值。协商民主的意义不在于争夺话语权,其旨在提供表达、妥协的机会和方式。协商式民主成功的标准不在于所有人都对结果表示同意,而是所有的参与者都充分的信服彼此继续合作的意愿。所以成功的标准在于通过共同的行动,参与者都能理解他们事实上对此议题有所贡献,同时影响了结果,即使他们对结果可能并不同意。因此协商式民主不在追求一致的同意;而在追求对共同问题与冲突的持续对话过程中,使得争议的各方愿意保持持续合作的可能性。③

---

① 〔美〕詹姆斯·博曼、威廉·雷吉主编:《公共协商:多元主义、复杂性与民主》,陈家刚译,中央编译出版社 2006 年版,第 7 页。
② 同上书,第 50 页。
③ 陈俊宏:《永续发展与民主政治:审议式民主理论初探》,http://www.law-frontier.com/ 2006 年 9 月访问。

协商民主对于当代社会事务的处理具有重要价值。从结果来看,公共协商可以提高政策的正当性和决策的质量。在当代复杂而多元的社会,政策决定经常面临各种不同价值观和理解的问题。通过公共审议过程,参与者必须要以可向公众辩解的方式提出自己所关注的问题与论点,在相互尊重的立场上聆听、理解他人所关注的问题与论点,由此达成有理论根据的相互同意,从而使得不同利益与价值追求能够得到平等的关注和考虑。通过这一过程,各种价值观念得到充分的表达,而理解也因而比较深入,政策的正当性也就提升了。而且公共协商的过程也能提供更多的信息,扩大参与者的眼界与知能,减少或克服"局部理性"的认知限制,最终提升决策的质量。从过程来看,公共协商的价值在于对参与者的转化作用。除了有上述扩大参与者的眼界与知能的价值外,也能让参与者变得比较关心公共事务与公共利益,能够发展参与者的能力与信心,并养成公益取向和积极行动的公民德行。而这种公民德行,正是一个蓬勃发展、运作良好的民主政体所需的条件。[①]

二、协商民主实现环境风险规制的有效性

原田尚彦先生指出:"环境法最终的课题,是通过居民的参加,提供民主地选择环境价值的实现与其他的基本人权的调和的法律结构,创造出能够把环境价值考虑进来的谋求国民最大福利的社会制度。"[②]环境民主是环境法的一项重要原则,概括而言,环境民主主要是指"自然和社会的相互作用,应该主要受行使管理权力的管理阶层和获得公共利益的公众的影响;公众和国家权力机关应该联合起来共同作出那些影响环境质量的管理政策和措施;公众应该和政府部门一起参加鉴定那些规定公共环境的目标和价值的过程;公众应对已经形成并正在处理当代环境资源危机的国家行政管理作出合乎需要的选择;公众在鉴定和争取公共环境利益方面应该有平等的自

---

① 梁家赢:《风险社会中审议民主理论的价值与法律实》,http://www.law-frontier.com/ 2006年12月访问。

② 〔日〕原田尚彦:《环境法》,于敏译,法律出版社1999年版,第69页。

由和影响力。"①也就是说环境政策和环境法应该通过民主的程序来制定。而协商民主能够很好地实现在环境问题处理上的民主要求。

澳大利亚国立大学的约翰·S.德雷泽克(John S. Dryzek)教授最早将协商民主引入到环境议题。他认为,比起其他的社会机制包括自由的民主制度来说,协商性制度有可能在生态上更理性化,在这种制度中人们有能力对与当代各种环境问题有关联的高度复杂性、不确定性和集体行动作出反应。在德雷泽克看来,政治机构对于负面的反馈与协调的能力是生态理性化的一个必要条件。②

从理论上看,民主的协商可以通过积极地加入许多的意见而改善信息的传播。而协商性的制度安排也更有助于协调问题的解决。民主的协商有助于彼此承认和尊重,相互理解和对共善(the common good)的认同。价值的多元性是无法克服的,但是协商性制度安排可以提供一种有效的框架,在这个框架中不同的价值观念得以冲击、碰撞。不断的民主对话有助于对环境价值多元性的反应,并提供观点转变的可能。

协商民主可以为公民提供条件,在协商中公民接触有关生态的知识和价值并作出反应,并在他们的判断和实践中将这些知识和价值内化。根据古德曼(Amy Gutman)与汤姆森(Dennes Thompson)俩人的分析,经过商议过程所形成的决策,融入各方参与者的意见,虽未必一定产生正确的决策,但可以在参与者之间产生更多的政治支持、正当性与信任,可以加速未来政策的执行,也为以后的合作互动积累长期的信任与社会资本;可以激发良好的意见表述,公正法律与制度及政治合法性,提升民主治理。并且由于协商的结果是互相认可的,所以民主的决策程序更具有丰富的实质民主的涵义,可以避免协商结果执行中的纠纷。③

---

① 蔡守秋主编:《环境资源法教程》,高等教育出版社 2004 年版,第 125 页。
② Dryzek, J. S. *Rational Ecology: Environment and Political Economy*, Oxford: Blackwell, 1987, p. 54.
③ Gutman, Amy and Dennes Thompson, "Deliberative Democracy and Beyond Process", *The Journal of Political Philosophy*, Vol. 10, Issue. 2, 2002, pp. 153—174.

协商民主政治倾向于把共同利益放在核心地位,而且它还能够充分容纳乌尔里希·贝克所说的"有组织的不负责任"的现代性。环境民主采用协商民主的形式,可以使得环境利益冲突中的各方代表借助对话、讨论、审议和协商,提出各种相关理由,尊重并理解他人的意见,在广泛考虑公共利益的基础上,利用理性指导协商,对于问题的解决达成共识。环境问题往往具有地域性、潜在性、缓发性、不确定性,在许多情况下是所谓社会精英分子所无法弄清楚的,普通老百姓才是真正的利害关系人,而且他们也更清楚地知道问题的实际状况,可能也有更好的解决办法。如2009年在广东番禺发生的公众抗议垃圾焚烧场选址事件中,民众从反对、质疑垃圾焚烧场的建设逐渐回归理性,认识到垃圾围城的现实困境,寻求通过实施垃圾分类实现垃圾处理的共识,对推动广州的垃圾分类回收起到了积极的作用。

在实践中的环境纠纷、环境利益冲突经常因为缺乏有效的沟通和协商机制,而导致矛盾的升级。在某些个案中,环境保护与经济发展是存在着一定的矛盾,但是如果污染的一方能够充分考虑到受害一方的利益,采取一定的环境措施,是可以避免与当地居民的冲突的。通过环境民主协商,"那些有着不同的视角和利益的人们一起来解决某个问题,这是一个必须以对问题的一致理解为起点的过程"。[①] 即促进环境保护与经济发展的利益协调,实现可持续发展。"当协商成功进行后,它就能产生一个共同的意图,这个意图对所有参与到形成意图活动中的多元的主体来说都是可以接受的。""因为每个人都认识到他的意图是协商活动的一部分,即便他的意图间接的体现在协商结果之中"[②],从而赋予立法和决策以可接受性,并最终获得执行力。具体而言,在环境风险规制上实施协商民主有以下优点:

1. 协商民主鼓励公众参与,尊重各种不同偏好、利益和观点,以及理性

[①] 〔美〕詹姆斯·博曼、威廉·雷吉主编:《公共协商:多元主义、复杂性与民主》,陈家刚译,中央编译出版社2006年版,第50页。

[②] 同上书,第50—51页。

反思,从而能够促进合法决策的作出。环境保护与经济发展相协调是环境法的一项基本原则,是可持续发展的要求,但是在该原则的具体落实中,也就是说在具体环境立法、环境决策的作出时,能否真正贯彻这一原则需要在立法、决策的形成过程中不同的利益代表可以充分表达自己的利益诉求,形成利益制衡机制,最终作出体现环境与经济协调发展的决策。"政府政策必须对那些受此政策制约的公民意愿负责,如果它们想成为合法的话。"①协商民主程序意味着受决策影响的利益相关者都能够平等地参与决策过程,这种平等的参与不仅是参与机会的平等,而且还包含平等的机会获得政治影响的权利。参与者应该可以在获得最具说服力信息的基础上修改自己的建议,并接受对其建议的批判性审视。通过相互理解和妥协的过程达到一致,而不是将自己的观点强加给别人。

2. 通过参与,协商民主能够明确责任,从而有利于防止"有组织的不负责任"。由于风险社会的巨大灾难性,社会难以承担起所有的事前预防和事后解决的责任,而且就人类环境来说,无法准确界定几个世纪以来造成环境破坏的责任主体。就具体的行为主体(主要是污染者)而言,也往往利用法律责任对环境风险规制的无力和科学作为辩护,呈现出"有组织的不负责任"。而通过协商过程的参与,行为主体能够在对话过程中,明确自身与他人的责任,明确促进环境公共利益的政策建议来自各方的共识。因此,各方都有责任维护并促进环境公共利益。参与协商过程的公民承担着一系列的特定责任:(1)提供理由说服协商过程中所有其他参与者的责任;(2)对其他作为理由和观点的理由与观点作出回应的责任;(3)根据协商过程提出的观点和理由修正各种建议以实现共同接受的建议的责任。② 环境风险、生态危机的解决,必须把责任归结给个人、团体、政府及其他的相关组织。他们都应该为其所作所为承担相应的后果。责任需要成为普遍性的伦理原

---

① 薛晓源、周战超主编:《全球化与风险社会》,社会科学文献出版社 2005 年版,第 259—260 页。

② Maurizio Passerin D'entrèves ed., *Democracy as Public Deliberation: New Perspectives*. Manchester University Press, 2002, pp. 90—92.

则。通过协商民主程序,这一伦理原则得以强化,并得以在具体的环境立法和决策中有所体现。

3. 协商民主通过公开讨论、对话、协商而打破了专家等对知识的垄断,将技术置于民主控制之下。风险社会理论认为,应对风险必须告别这样的错误观念:即行政机构和专家能够准确地了解对每个人来说什么是正确的和有益的,要破除专门知识的垄断。对此,贝克认为"民主的未来取决于这样几个关键问题:在事关生死存亡的所有具体细节上,我们能否独立于专家,甚至独立于持不同意见的专家,而作出自己的判断?或者说,我们能否通过一种从文化层面产生的对危险的理解,来重新赢得我们进行自主判断所应具备的能力?难道唯一的选择依然仅仅是专断独裁的技术统治或富有批判性的技术统治?"① 为了实现独立于专家、打破知识垄断,贝克提出了两个原则,即实行权力分配和营造一种公共领域。协商民主提供了恰当的路径。"公共协商结果的政治合法性不仅基于考虑所有人的需求和利益,而且还建立在利用公开审视过的理性指导协商这一事实基础之上。"② 为了保存一个自由而开放的公共领域,有两种策略可以运用。"第一个策略是为协商创造新的公共空间:参与者不但可以利用它们表达新的公共理性,而且能够保存范围更广的公共领域并且使它更具包容性。……第二个策略是制度性的,团体利用制度中权力创造并强化公共协商必需之条件,并使它相对持久的存在下去。"③

由此可见,环境协商民主的关键是参与,所关注的是聚合的具体过程,强调公民在作出选择过程中的深思熟虑与审慎。④ 当然,环境协商民主并不要求各方主体在相同或所有理由上保持共识以实现"全体一致",而是"只要

---

① 薛晓源、周战超主编:《全球化与风险社会》,社会科学文献出版社 2005 年版,第 133 页。
② 〔美〕乔治·M.瓦德拉斯文:《协商民主》,何莉编译,载《马克思主义与现实》2004 年第 3 期。
③ 〔美〕詹姆斯·博曼、威廉·雷吉主编:《公共协商:多元主义、复杂性与民主》,陈家刚译,中央编译出版社 2006 年版,第 113—114 页。
④ 参见〔澳〕John. S. Dryzek:《不同领域的协商民主》,载《浙江大学学报(人文社会科学版)》,2005 年第 3 期。

求公共协商中的连续合作,即使存在持续的意见分歧"。① 环境协商民主所要实现的是"所有协商者都能发展他们的公共能力,有进入公共领域的途径,有影响协商进程向着有利于他们的方向发展的机会"。② 通过协商对话,实现各方的深层次的理解,重构政府与公民、企业与公民的信任关系,以便有助于解决或缓和立法和决策层次上的环境利益冲突和矛盾。协商民主的实现对环境法的制度设计提出进行环境协商的条件和程序的确认与保护的要求。

三、实现协商民主的公众参与

环境法一直强调公众参与的重要性。公众参与是指"公众有权通过一定的程序或途径参与一切与环境权益相关的开发决策等活动之中,并有权受到相应的法律保护和救济,以防止决策的盲目性,使得该项决策符合广大公众的切身利益和需要"。③ 强调参与是协商民主的基本精神,通过公众参与,可以促进信息开放和交流;增强公民独立决策和影响政府决策方向的能力;加强在表达利益要求中的协商、对话式民主机制;促使公民投入公共服务提供。协商民主是一种更为有效的公众参与,同时也对公众参与提出了更高的要求。

协商民主实施初期就提出实现环境协商民主的公众参与应当实行并遵循以下原则:(1)鼓励各种形式的谈话和交流,确保所有人拥有真正的发言权。(2)使倾听与发言受到同等的重视。(3)使个人经验与公共议题产生连接关系。(4)使彼此之间信任并建立伙伴关系。(5)使参与者针对议题本质所存在的观点重新建构整理。(6)鼓励进行分析与理性论证。(7)协助人们发展公共的判断及产生行动的共同基础。(8)引导人们将自己视为行动者并真实参与。(9)使参与过程与政府政策制定治理之间产生连接关

---

① 陈家刚选编:《协商民主》,上海三联书店 2004 年版,第 299 页。
② 〔美〕詹姆斯·博曼、威廉·雷吉主编:《公共协商:多元主义、复杂性与民主》,陈家刚译,中央编译出版社 2006 年版,第 95 页。
③ 汪劲:《环境法学》,北京大学出版社 2006 年版,第 175 页。

系。(10) 创造持续进行的过程而非孤立的事件。①

协商民主的核心是保障公众参与的有效性。在现阶段,这种有效性的要求是打破门槛的"进入/准入"过程。若能通过政策开放和制度设计,使公众能够实际和有效果的参与环境公共决策过程,即使是狭窄微量的,也是进步。环境协商是一个联合性、合作性的社会活动,是组合的系统和渐进的系统组合,要求的是公众能够真正的在环境立法、决策形成过程中表达自己的观点。协商参与者之间有一个沟通过程,即发言者的意见得到聆听,同时其他人的意见也能够得到聆听和尊重,以期在协商的过程中参与者能够改变自己的偏好,或者在不改变自己偏好的情况下理解和尊重他人意见,从而形成一种彼此都可以接受的共识,进而形成最终的决策。

在体现环境协商民主的公众参与机制中参与者的选择确定和参与过程的程序性设计是关键。"公共协商是一种合作性活动,要求的是多元的而非集体的或个体性的主体。一个人不能进行公共协商,因为个人协商有着另外的结构;它也不需要一个一致性的团体。联合性活动只能由多元的主体来进行。公共协商中的多元主体通过回应和影响别人来进行合作。"②只有形成有代表性的多元利益主体,协商的能力才能够得以保障,实质性的协商过程才可能得以展开。

多元利益主体的形成,则有赖于企业利益团体和公众环境利益团体的发展。利益团体可以具备两方面的功能:一是通过组织代表成员利益;二是规范成员与组织之间的协商与互动。我们一直在强调环境保护中的公众参与,但是许多环境权益受到影响的人无力参与到环境立法和决策之中。而且在许多情况下,环境利益受到影响的个人之间观点主张也存在较大的分歧,个体作为协商者广泛参与环境协商也是不现实的,必须有赖于环境利益团体的形成。目前比较可行的方式就是发展环境保护社会团体和企业的利益化组织团体。环境保护利益团体的存在,一方面是公众维护自己的合法

---

① 陈家刚选编:《协商民主》,上海三联书店,2004年版,第107—117页。
② 〔美〕詹姆斯·博曼、威廉·雷吉主编:《公共协商:多元主义、复杂性与民主》,陈家刚译,中央编译出版社2006年版,第50页。

环境权利的需要,另一方面也是帮助和配合政府开展环境保护工作,预防官僚主义与腐败现象发生的需要。

实现协商民主的公众参与机制既可以被用来排除"有组织的不负责任",又可以防止政策受到政治扭曲。公民通过深入问题的讨论,不但可以深入广泛的思考决策的影响,更可以拓展民众的知识,使得普通民众能够进一步认清环境问题所涉及的科技知识中所具有的正面和负面的价值,从而正确的影响环境决策,共同分享或分担科技决策的成败后果。

协商民主所强调的是在利益相关者认真、负责的表达、沟通基础上促进相互理解,作出最终的公共决定,通过利益相关者之间真诚、理性的讨论,各参与者的意见得到充分表达,情绪得到完全释放,意见得到充分的尊重,从而保障最终的决定是理性的,有质量的。由于信息技术的发展,尤其是互联网技术的应用,这种广泛的参与协商成为一种可能。在我国现有的环境法框架内,公众参与成为实现协商的重要方式。

1992年6月14日在巴西里约热内卢召开的联合国环境与发展大会通过的《环境与发展宣言》《21世纪议程》等一系列国际环境法律文件均规定了公众参与制度。《21世纪议程》第23章第2节明确提出,"要实现可持续的发展,基本的先决条件之一是公众广泛参与决策。此外,在环境和发展这个较为具体的领域,需要新的参与方式,包括个人、群组和组织需要参与环境影响评价程序以及了解和参与决策,特别是那些可能影响他们生活和工作的社区的决策。"中国政府为履行联合国环境与发展大会上的承诺而制定的《中国21世纪议程》(于1994年3月25日在国务院第十六次常务会议上讨论通过)第20章的"导言"同样指出,"实现可持续发展目标,必须依靠公众及社会团体的支持和参与。公众、团体和组织的参与方式和参与程度,将决定可持续发展目标实现的进程。考虑到中国宪法和法律已经对公众参与国家事务所作的规定,并认识到公众参与在环境和发展领域的特殊重要性,有必要为团体及公众参与可持续发展制定全面系统的目标、政策和行动方案"。

我国环境立法中对公众参与制度已有规定。1996年以后制定或修改的《大气污染防治法》《海洋环境保护法》《水污染防治法》和《环境噪声污染防治法》等环保法律、法规、规章也作了相关规定。这些是关于公众参与的原则性规定,参与也往往局限于环境损害之后的参与,形式单一。

最近几年的环境立法认识到了公众参与重视事后监督而在事前参与方面很不充分的问题,开始有所改变。例如环境影响评价立法在进一步完善公众参与建设项目环境影响评价程序的基础上,专门规定规划的环境影响评价必须通过公众参与,可以通过论证会、听证会或者采取其他形式征求有关单位、专家和公众对环境影响报告书的意见。《行政许可法》当中也规定了听证会的内容。如果一个许可涉及第三方的利益,那么必须通知当事人,如果不通知,许可在程序上就是违法的,有关利害关系人就可以到法院起诉行政机关。这些都反映了对公众参与的重视。

2005年7月27日发布的《国务院关于环境保护若干问题的决定》中规定:"建立公众参与机制,发挥社会团体的作用,鼓励公众参与环境保护工作,检举和揭发各种违反环境保护法律法规的行为。"2006年2月,国家环保总局颁布了《环境影响评价公众参与暂行办法》。该办法规定,环境建设项目必须依法进行环境影响评价,环境影响评价报告书中必须有公众意见,且可以通过开听证会的方式让公众来参与。2015年7月,环境保护部通过《环境保护公众参与办法》。这个办法是自新《环境保护法》实施以来,首个对环境保护公众参与作出专门规定的部门规章。

2014年4月24日第十二届全国人大常务委员会第八次会议修订的《环境保护法》第5条规定:"环境保护坚持保护优先、预防为主、综合治理、公众参与、损害担责的原则。"该法并设专章规定了公众参与的基本要项和要求,章的题目就是"信息公开和公众参与"。该章首先确认了公民、法人和其他组织享有获取环境信息的权利。这项权利的实现需要各级人民政府环境保护行政主管部门和其他负有环境保护监督管理职能的部门、重点排污单位和环境影响评价编制主体应当依法公开环境信息。① 这是新《环境保护法》的一大亮点。

根据该法的规定,公众参与的途径主要是对污染破坏环境的行为向相关的监督管理部门进行举报,对监督管理部门不依法履行职责的,有向其上级机关或者监察机关举报的权利,以及提起环境公益诉讼的权利。②

为保障公众参与权利的实现,该法的第六章法律责任用两个有最紧密联系的条款对保障公众参与权利实现负有相关义务的主体违反相关义务的行为规定了法律制裁依据。《环境保护法》(2014年)第62条规定:"违反本法规定,重点排污单位不公开或者不如实公开环境信息的,由县级以上地方人民政府环境保护主管部门责令公开,处以罚款,并予以公告。"第68条规定:"地方各级人民政府、县级以上人民政府环境保护主管部门和其他负有

---

① 《中华人民共和国环境保护法》(2014年)第53条规定:"公民、法人和其他组织依法享有获取环境信息、参与和监督环境保护的权利。各级人民政府环境保护主管部门和其他负有环境保护监督管理职责的部门,应当依法公开环境信息、完善公众参与程序,为公民、法人和其他组织参与和监督环境保护提供便利。"规定了公民获取环境信息的基本权利。第54条规定:"国务院环境保护主管部门统一发布国家环境质量、重点污染源监测信息及其他重大环境信息。省级以上人民政府环境保护主管部门定期发布环境状况公报。县级以上人民政府环境保护主管部门和其他负有环境保护监督管理职责部门,应当依法公开环境质量、环境监测、突发环境事件以及环境行政许可、行政处罚、排污费的征收和使用情况等信息。县级以上地方人民政府环境保护主管部门和其他负有环境保护监督管理职责的部门,应当将企业事业单位和其他生产经营者的环境违法信息记入社会诚信档案,及时向社会公布违法者名单。"要求环境保护行政主管部门负有公开相关环境信息的义务。第55条规定:"重点排污单位应当如实向社会公开其主要污染物的名称、排放方式、排放浓度和总量、超标排放情况,以及防治污染设施的建设和运行情况,接受社会监督。"要求重点排污单位公开污染信息。第56条规定:"对依法应当编制环境影响报告书的建设项目,建设单位应当在编制时向可能受影响的公众说明情况,充分征求意见。负责审批建设项目环境影响评价文件的部门在收到建设项目环境影响报告书后,除涉及国家秘密和商业秘密的事项外,应当全文公开;发现建设项目未充分征求公众意见的,应当责成建设单位征求公众意见。"规定了环境影响评价过程中的环境信息公开义务。

② 《中华人民共和国环境保护法》(2014年)第57条规定:"公民、法人和其他组织发现任何单位和个人有污染环境和破坏生态行为的,有权向环境保护主管部门或者其他负有环境保护监督管理职责的部门举报。公民、法人和其他组织发现地方各级人民政府、县级以上人民政府环境保护主管部门和其他负有环境保护监督管理职责的部门不依法履行职责的,有权向其上级机关或者监察机关举报。接受举报的机关应当对举报人的相关信息予以保密,保护举报人的合法权益。"第58条规定:"对污染环境、破坏生态,损害社会公共利益的行为,符合下列条件的社会组织可以向人民法院提起诉讼:(一)依法在设区的市级以上人民政府民政部门登记;(二)专门从事环境保护公益活动连续五年以上且无违法记录。符合前款规定的社会组织向人民法院提起诉讼,人民法院应当依法受理。提起诉讼的社会组织不得通过诉讼牟取经济利益。"

环境保护监督管理职责的部门有下列行为之一的,对直接负责的主管人员和其他直接责任人员给予记过、记大过或者降级处分;造成严重后果的,给予撤职或者开除处分,其主要负责人应当引咎辞职……"该条所列款项中规定有"应当依法公开环境信息而未公开的",这些规定是公共参与环境保护的基本法律依据。

新《环境保护法》经过一年多的实施,在环境信息公开方面取得了很大的进展。① 目前我国在地级以上的行政区域能够普遍对空气质量信息进行实时公布;各主要江河国控断面和重点流域水质数据得以公布,有的个别城市还能公开饮用水水源水质信息,但其他水体信息,如城市黑臭水体情况等,则未有公开者。在土壤环境质量信息公开方面,政府信息公开的范围和程度都还无法达到新法的要求。可以说,大多数地方人民政府环保部门,特别是辖区的市级以上人民政府环保部门大多都能够依法及时公开环境信息,特别是空气质量信息,政府环境信息公开在新《环境保护法》生效以后比过去有较大进展。然而政府主动公开的信息以常规环境信息为主,公众感兴趣的非常规信息有限这一状况并未因为新法的公布实施而得以实质性的改善。

与公众参与环境决策过程密切相关的环境影响评价报告书(表)的公开情况实施较好。环境保护部自2014年1月1日起就在其网站上主动公开了其受理的建设项目环境影响评价报告书全文(2012及2013年只公开环评报告书的简本),除涉及国家秘密、商业秘密和个人隐私等的情况外,公众可自由阅读、下载所有环保部受理的建设项目环境影响报告书全文。但是地方环保厅局在公开环境影响评价文件全文方面与新法的要求尚有差距。

---

① 参见新《环境保护法》实施情况评估课题组:《新〈环境保护法〉实施情况评估报告》,http://mt.sohu.com/20160525/n451351556.shtml,2016年6月5日访问。

第四章　环境风险法律规制的路径选择

环境法是伴随着经济发展出现严重环境问题后,由国家介入干预而发展出来的部门法,是环境风险进入法律系统后法律对环境危机的回应。应对现代环境问题,各国政府担负起了重要的环境保护和管理职责,对环境污染进行治理。随着对环境问题认识的深入,环境法的关注点从污染出现后的控制、救济,逐渐向前延伸,各种法律手段被用来预防环境污染和破坏的损害性后果出现,环境风险的防控逐渐成为环境法的关注重点。科技发展加剧了风险的不确定性,这种不确定性对传统的法律体系产生了深远的影响,而环境法作为以环境风险为主要规制对象的部门法,首当其冲。

传统的法律规制设定的前提是科学可以证明的、以严格的技术为基础的手段都是有效的。然而目前所处的后现代阶段内在的反思性使得我们不得不对传统法律规制的策略产生疑问[①]。尤其是面对科技所带来的始料未及的环境风险挑战。环境法作为与风险有着最为直接联系的法律部门,其发展代表了法律系统运作与社会发展

[①] Daniel J. Fiorino,"Rethinking Environmental Regulation: Perspectives On Law And Governance", *Harvard Environmental Law Review*, Vol. 23 1999, p. 4.

之间的回应与变迁。在现代环境问题出现的初期,对污染行为的管制性立法尚未建立,法律对于环境问题的回应主要依赖于法院对环境公害个案进行司法救济,所依据的是传统的民刑事法律原则与制度。①虽然这些手段在一定程度上对环境损害的个体利益进行了补偿,维护了一定的环境利用秩序,但是这种以司法为中心、采用个案解决的模式往往不能考虑到环境问题的全貌,更难以形成一体化的环境保护政策。②

随着环境问题的日益严重,以及人们对环境问题认识的逐渐深入,民众对于环境保护的呼声日渐高涨,迫使政府介入企业的经营活动,运用干预性手段保护环境。在民主政治体制的运作之下,解决环境问题的立法压力增大,许多环境问题的因应模式逐渐通过立法确定下来。"立法机关陆续通过了一连串预防性或事后管制性的法律,并针对各种污染媒体(例如水污染防治法、空气污染防治法)或污染物(废弃物清理法、毒性化学物质管理法)个别立法,形成一套庞大且繁复的法律体系。"环境标准在其中发挥了重要的基准作用,"管制性立法大都是以设机关、订标准、设定禁止规定、要求行为义务,并对违反者施以各种制裁为本"。这些标准的实施,通过政府行政机关的监督管理来实现,"在另一方面,主管环保事务的环保专责机关也陆续设立,并被授予各种管制的权限,而终于造成一个日形庞大的管制机器"。③环境行政管制成为环境问题因应的核心。

环境风险规制既有复杂的科学不确定性问题,同时又和其他利益诉求不可避免地结合在一起。在应对风险上,社会必须达成一定程度的应对风险的共识,在此基础上寻求合作的可能,这个过程就是卢曼所说的"风险沟通"的实现。"风险沟通所指的是个人及团体在组织之间交换资讯及意见等相互作用的过程。"④在这个过程中,伴随着有关风险信息的传递与回应,有

---

① 如英美法系环境法制的发展基本上都是从扩充普通法上的相邻侵害原则的环境保护功能开始的。
② 叶俊荣:《环境政策与法律》,台湾元照出版公司 2002 年版,第 144 页。
③ 同上书,第 145 页。
④ 辛年丰:《环境风险的公私协力——国家任务变迁的观点》,台湾元照出版公司 2014 年版,第 313 页。

关风险的认知将得到充分的交流。风险沟通除了尽量降低冲突外，还可以更积极地为建立风险的正确认知，加强自我防御机能发挥作用，所以事前与事后公共介入、公众的参与沟通，对于环境法律规制政策选择和环境纠纷的处理具有重要的作用。

沟通的实现需要公民对现代风险的高度不确定性、不可预测性、显现时间的滞后性、发作的突发性和超常规性具有清醒认识。在此基础上，公民通过民间性组织、社会运动组织、环保团体、民间机构，表达、传递自己的意见主张，通过有效的参与促进风险共识的形成，从而增加个人参与攸关自身未来祸福的决策机会，共同承担风险社会的灾难性后果。

公众经沟通后共识的形成，则有赖于一种民主的沟通机制。由于环境问题太过复杂，"以至于意图性从而也就是'线性'的民主机制无法处理"①。"什么程度的安全才能算作足够安全？对于这个问题，最完备的（技术）风险评估手段也无法回答，该问题的答案必须先于评估手段而给出。但是，由于不存在众所公认的价值秩序，前述问题的'回答'（表现为标准、偏好或论证）不能由——哪怕是深思熟虑的——单个人或某个行政机关来决定，而必须通过社会'协商过程'来完成。"②

环境法对于环境风险规制的回应，需要为公众提供有效的沟通途径，以协商民主的形式促进共识的形成。协商民主就是"合理的、公开讨论支持和反对某些建议的各种观点的过程，目的是实现普遍接受的判断"。③

通过环境协商民主，科学家的知识垄断被打破，环境风险所影响的所有利益相关者的要求、利益、观点得以表达、相互沟通，这些利益相关者能够彼此尊重并理解他人的意见、广泛考虑公共利益，最终在各方观点相互理解的基础上达成共识，在专家根据其专业知识提供的各种选择方案基础上作出

---

① 〔美〕詹姆斯·博曼：《公共协商：多元主义、复杂性与民主》，黄相怀译，中央编译出版社2006年版，第136页。
② 刘刚编译：《风险规制：德国的理论与实践》，法律出版社2012年版，第47页。
③ 〔南非〕毛里西奥·帕瑟林·登特里维斯主编：《作为公共协商的民主》，王英津等译，中央编译出版社2006年版，第41页。

决定。对于每一具体的环境议题所作出的决定未必就是最符合环境保护要求的,但是环境问题在风险社会所凸显的复杂性,决定了环境决策未来结果的不可预测性。环境议题的决定并非是一个科学上的决定,而是一个社会性决定。只要最后的决策是在相关利益方达成共识的基础上作出的,即具有了"合法性"。通过协商民主这一决策程序,可以"提供判断构成自由平等的公民间共识的最低限度标准,公民进行协商是为了发现和构建 T. M. 斯坎伦(Scanlon)所说的'知情的、非强制性的一致同意',或者于根·哈贝马斯所说的'非强制性一致同意'"。① 从而使得具有复杂性的环境问题的法律规制决策形成过程从依赖于客观的知识,转变为通过协商民主的程序,最终形成公众可以接受的行为准则,即取得合法性。因而,环境风险法律规制的实现路径,最终落脚到了以保障风险沟通为目的的程序性设计上。

第一节 法律模式的演变

面对环境风险带来的恐慌,人类社会需要在各方面作出回应。由于法律系统针对不确定性引发的共识难以形成的现状,人们寄希望于政治系统来获得解决。虽然一直以来政治和法律都是密切交织在一起的,但是从卢曼对社会系统的解释中可以看到,政治和法律是分立的功能系统。政治系统的功能在于形成和贯彻有集体约束力的决定,而不是维持规范性预期。政治系统和法律系统都有自己特有的运作方式,各自闭合地在运转,互相视对方只是自己环境的一部分。

环境风险在政治系统的运作会以信息的形式对法律系统产生一定的"共振",但是不可能依赖政治系统来解决法律系统在应对环境风险上的问题,"政治系统并非法律系统的附属,不是专为解决法律系统'剩余问题'而

---

① 〔美〕詹姆斯·博曼:《公共协商:多元主义、复杂性与民主》,黄相怀译,中央编译出版社2006年版,第23页。

存在的"①。而且作为独立的社会子系统,政治也不应该用来直接干预法律系统的自创生运作。"而一旦法律系统丧失自主性,成为政治系统的附庸的话,很难想象它还能发挥其不同于政治系统的独特功能;这样,社会系统就会丧失通过法律子系统自主运作而获得的那部分对环境的开放性,完全有可能使社会系统对环境问题变得比拥有自主法律系统时更不敏感。"②而且,就算牺牲法律系统的自主性,也未必能够解决前述"决策于不确定性之中"的问题。

法律系统必须通过自己的运作来解决环境风险所带来的挑战。社会在不断地变动和发展,反映并用以调整社会关系的法律必然要作出相应的改变,旧的法律手段如果已经不能解决当前的社会问题,就应该探索新的方法。

伴随着20世纪以来"法律社会化"趋势的发展,西方法律精神由绝对强调个人的权利和自由,逐步演变为既强调个人权利的保护,同时又注重社会利益的保护。美国学者诺内特和塞尔兹尼克遵循"在法律中认识社会,在社会中改善法律"③的研究思路,力求能够说明法是怎样适应社会需求、解决现实问题,主张用"软性法治"取代"硬性法治",在法学研究方法上将价值追求和经验实证结合起来。④

诺内特和塞尔兹尼克在他们合著的《转变中的法律与社会》一书中直截了当地指出"法律理论既不是没有社会后果的,也不是不受社会影响的。我们从何处寻找法律的基础,我们对法律过程的理解,我们所给予法律的社会地位,都深刻地影响着政治共同体的心态和各种社会愿望的涉及范围"⑤。

---

① 金自宁:《现代法律如何应对生态风险?——进入卢曼的生态沟通理论》,载《法律方法与法律思维》2012年第8辑。
② 同上。
③ 季卫东:《从边缘到中心:20世纪美国的"法与社会"研究运动》,载《北大法律评论》第2卷第2辑。
④ 李瑜青:《在回应社会中推进法律的发展——评〈转变中的法律与社会:迈向回应型法〉一书》,载《甘肃政法学院学报》2006年第2期。
⑤ 〔美〕诺内特、〔美〕塞尔兹尼克:《转变中的法律与社会:迈向回应型法》,张志铭译,中国政法大学出版社1994年版,第3页。

法律秩序是一种多维事物,只有把多种维度当做变项,才能对法律进行彻底的研究。"我们不应该空谈法律与强制、法律与国家、法律与规则或法律与道德之间的必要联系,而应该考虑这些联系在什么程度上和在什么条件下发生。"①他们的努力是希望通过法律制度的研究来说明社会的组织原理和结构,进而在法律制度之外发现能够解决有关法律制度各种问题的方式方法。

依循在法律制度之外发现解决法律制度各种问题方式方法的思路,德国学者图依布纳在分析回应型法的基础上提出了反思型法。② 反思型法的主要策略和基本理念是"通过自我管制,来管制别人"。③ 即要求放弃进行完整的管制的企图。这样一种管制思路对受规制者个体持一种更为积极的肯定,或许这是环境风险规制的可行路径之所在。

一、从形式合理性到实质合理性

自 19 世纪继承而来的法与国家的经典模式都强调马克斯·韦伯所谓的形式理性。近现代以来,法律的形式理性危机成为法学家共同关注的问题,如诺内特和塞尔兹尼克以及德国学者哈贝马斯和卢曼等,虽然他们对于问题的处理方式和对未来的看法是有很大差别的。韦伯在其著作中,根据合理化和形式化与否对法律进行了分类,建构了四种法律类型:形式的不合理的法律、实质的不合理性的法律、实质的合理性的法律和形式的合理性的法律。

"形式"和"合理性"是两个主要的比较维度,其中,"'形式'可被认为是意味着'决定所采用的判断标准内在与法律制度之中'并因此衡量制度的自

---

① 〔美〕诺内特,〔美〕塞尔兹尼克:《转变中的法律与社会:迈向回应型法》,张志铭译,中国政法大学社 1994 年版,第 10 页。

② "Reflexcive law"有的文章或著作也将其翻译成"反身型法",矫波博士在其译作《现代法中的实质要素和反思要素》时,采用了两种译法:反思型和反身型。反身主要是一种无意识的、不受意志控制的反应,而反思则指经过思考后的反应,故笔者较倾向于采用"反思型法"的翻译。

③ Teubner, G., *Law as an Autopoietic System*, Anne Bankowska and Ruth Adler (trans.), Zenon Bankowski (ed.), Oxford: Blackwell Publishers, 1993, p. 65.

治程度,而'合理性'意味着'决定遵循的某些判断标准适用于所有类似案件'并因此衡量制度所采用的规则的一般性和普遍性"。① 法的形式合理性又可以分为法律的外部形式合理性和法律逻辑的形式合理性。形式理性法的产生既是资本主义经济发展的现实需要,也是资本主义民族国家政治权力斗争的结果。"一个形式理性的法律制度创制并适用一套普遍的规制,形式理性的法律依赖于通过特有的法律推理来解决具体冲突的法律职业群体。"② 但是韦伯对于法律形式化的要素,或者说形式化法律的特征所进行的集中阐释很少,而且十分抽象。

葛洪义先生将韦伯所称的法的形式合理性概况为:具有普遍性内容的法律是社会秩序的基础,法律与道德相分离,行使国家权力的行为受法律控制;法律的高度体系化,法律分析的逻辑形式;立法与司法、程序法与实体法、法律现象与一般事实分离。③ 宋显忠、郑成良先生认为,法律的形式理性化"主要体现在法律秩序的规则层面上,也就是通过具体的立法、行政和司法活动以及个人对法律的理性的和经验的运用,使法律发展成为一个日臻完善的规则体系……所以,形式理性化,在认识和实践上,无非就是法律规则体系化和法律推理的普遍运用……"即近代法律秩序的形式特征主要就是法律规则的形式性、规则效力的普遍性、规则适用的一般性、规则体系的确定性以及规则适用的程序性。④ 法律的形式理性"主要保障法律的确定性,确保国家权力下的个人自由"。⑤ 用公丕祥先生的话就是:"法律的形式化之实质乃是法治原则的确证与实现。"⑥

---

① David M. Trubek,"Max Weber on Law and the Rise of Capitalism",*Wisconsin Law Review*,vol.1972,No.3,p 729.
② 〔德〕图依布纳:《现代法中的实质要素和反思要素》,矫波译,载《北大法律评论》第2卷·第2辑。
③ 葛洪义:《法律与理性——法的现代性问题解读》,法律出版社2001年版,第129—130页。
④ 宋显忠、郑成良:《形式合理性,实体合理性与法律秩序的理性化——兼评马克斯·韦伯的法律理性化观点》,载郑永流主编:《法哲学与法社会学论丛》(二),中国政法大学出版社2000年版,第85—89页。
⑤ 〔日〕我妻荣:《债权在近代法中的优越地位》,王书江、张雷译,中国大百科全书出版社1999年版,第397页。
⑥ 公丕祥:《法制现代化的理论逻辑》,中国政法大学出版社1999年版,第79页。

在法律制度的四种理想类型中,法的形式合理性与实质合理性之间的区别更具有意义,"而这正是韦伯全部分析的基础"。① 韦伯认为,"法律确定性所具有的抽象形式主义和实现实体目标的愿望之间存在不可避免的冲突"②,换言之,法的形式合理性与实质合理性之间的矛盾无法调和。因为在韦伯看来,"在任何情况下,如果将社会学的、经济学的,或伦理学的观点引入法律概念中去,法律观点的准确性就会受到影响"③,因此,法律为了满足"实现实体目标的愿望",即增加法律的实质合理性,势必会破坏法的形式合理性;反过来讲,要维护法的形式合理性,坚持从"法律人"的职业思维方式而不是从"外行人"的日常思维方式来看待问题,"如以法律的抽象命题来裁剪生活现实,一味强调遵循法律科学阐述的'原理'和只有在法学家想象的天地里才有的'公理'",那么法律势必又无法满足当事人的现实期望,当事人希望通过法律来实现的实体目标无法实现,最终导致当事人对法律的失望。④

"法律的形式化发展在总体上表现为韦伯所称的法的形式合理性不断增长的过程。在这一增长过程中,韦伯同时敏锐地观察到了'现代法律发展的反形式主义趋势'。"⑤即实质合理性扩张的趋势。"随着福利法制国的到来,人们特别强调实质理性法,即法律作为一种有目的的、目标导向的干预工具。由于实质理性法之设计旨在具体情势下实现特定目标,它比起经典的形式法更趋于一般性和开放性,但同时也更具独特性。"⑥这种偏离形式的趋势被称为法的"再实质化"(rematerialization),是福利—法治国(the welfare-regulatory state)内在的组成部分,同时也导致了形式理性消解的进一

---

① 〔美〕莱因哈特·本迪克斯:《马克斯·韦伯思想肖像》,刘北成等译,上海人民出版社 2002 年版,第 429 页。
② 〔德〕马克斯·韦伯:《论经济与社会中的法律》,〔英〕埃德华·希尔斯、〔英〕马克斯·莱因斯坦英译,张乃根译,中国大百科全书出版社 1998 年版,第 227 页。
③ 同上书,第 317 页。
④ 同上书,第 308 页。
⑤ 叶明:《经济法实质化研究》,法律出版社 2005 年版,第 55 页。
⑥ 〔德〕图依布纳:《现代法中的实质要素和反思要素》,矫波译,载《北大法律评论》第 2 卷·第 2 辑,第 581 页。

步发展。由于法的"再实质化"趋势弱化了形式法律对个人所提供的对抗国家侵权的保护,所以可能会威胁到个人的权利。

在欧洲和在美国,法律社会学者对于上述存在矛盾、冲突的发展情势都或多或少有所观察。许多学者认为法制化不能解决现代社会冲突中的复杂性和特殊性的问题,这些批判的见解都强调,应发展出一些法律的替代选择。"只有在超越现代法制所建立的形式法的框架之外,发展出一种新型的法律形态,打破形式理性在法律生活中'一统天下'的局面,这一矛盾才有调和的可能。"①针对法律的形式主义危机,美国学者诺内特和塞尔兹尼克提出了"回应型法律"理论。

二、从压制型法到回应型法

美国法学学者诺内特和塞尔兹尼克在比较了目的、合法性、规则、推理、裁量、强制、道德、政治、服从期待、参与等基本变数与法的不同对应关系的基础上提出了一种法律发展的三阶段模式,即作为压制性权力工具的法律——压制型法,作为能够控制压制并维护自身完整性的一种特别制度的法律——自治型法,作为回应各种社会需要和愿望的一种便利工具的法律——回应型法。强制固然为三种类型的法所共有,但又各有不同的表现:"它在压制型法中是居支配地位的,在自治型法中是有节制的,强制被缓和,而在回应型法则是潜在的。"②这三种类型的法律是按照理想型的方法建立的一种用以分析和判断同一社会的不同法律现象的工具性框架。"在诺内特和塞尔兹尼克看来,法律既不是经济矛盾的产物,也不是如同实证法律一样,是可以化约为一系列由权力关系、组织结构和专业角色所界定的规则。相反的,他们认为法律是一个自主的社会体制,其发展乃是有赖于其本身的内在动力。"③

---

① 叶明:《经济法实质化研究》,法律出版社2005年版,第54页。
② 〔美〕诺内特、〔美〕塞尔兹尼克:《转变中的法律与社会:迈向回应型法》,张志铭译,中国政法大学社1994年版,第16—17页。
③ 同上书,第23页。

"压制型法要解决的根本问题是建立政治秩序,或者说,确立一种状态,一种一旦缺少法律体系和政治体系就不可能迈向各种'更高的'追求的状态。"[1]在压制型法的阶段,法律制度是作为压制性工具而存在的,其主要目的是为了维护统治者的统治权威,维护既定的统治秩序,保障统治权力有效行使成为法律的首要目标。也正是为了实现这一目的,在压制型法的内部产生了严重的压力,从而导致新的法律类型的出现,即自治型法。

与压制型法律不同,自治型法主要以控制压制为目的。在自治型法阶段,法律秩序成了控制压制的一种方法。自治型法是与法制密切相关的。在诺内特和塞尔兹尼克看来,"法治"一词不仅意味着单纯的法律的存在,它指的是一种法律和政治的愿望,即创造一种法律的统治而非人的统治。在这种意义上讲法治诞生于法律机构取得足够独立的权威以对政府权力的行使进行规范约束的时候,而自治型法就相当于我们通常所称的"法治"。自治型法最大的特点是:通过设置一套专业化的、相对自治的法律制度,把决定大权限制在一定职能范围之内。其中公正而合理的程序是法的核心。在这种法律形态中,法律与政治高度分离,立法、司法和行政之间存在严格界限。法律制度主要由严格的法律规则所构成,以限制和约束官方权力的行使。"法律机构以实体服从换得程序自治。"[2]法律的首要目标是追求形式正义,法律程序在法律制度中居于核心地位。所有人,包括权力行使者都必须严格服从事先依合法程序制定出来的法律规则。

随着西方国家步入福利国家阶段,国家需要借助于法律之外的多种手段实现社会正义目标,自治型法发展出其内在的法律思维方式和产生方式逐渐破坏了形式理念的界限后,便产生了转型的压力,有了回应型法的出现。从法制的进化过程来看,这种"回应型法"的出现是具有某种必然性的。"回应型法是法律形式主义危机的结果,从法律形式主义危机里涌现出将目

---

[1] 〔美〕诺内特、〔美〕塞尔兹尼克:《转变中的法律与社会:迈向回应型法》,张志铭译,中国政法大学社1994年版,第27页。

[2] 同上书,第64页。

的性和参与结合在一起的新的法律形式。"①与自治型法表现出一种"规则模型"的特点不同,回应型法并不过分关注法律的规则结构,而是强调法律所要服务的目的的支配性地位,注重追求实质正义,讲求实际结果的正当性。因而比较容易接受社会影响,在处理社会问题方面更为有效。

回应型法有以下四点特征:(1)法律发展的动力加大了目的在法律推理中的权威;(2)目的使法律义务更加成为问题,从而放松了法律对服从的要求,使一种较少僵硬而更多文明的公共秩序概念有了形成的可能;(3)由于法律取得开放性和灵活性,法律辩护就多了一种政治尺度,由此而产生的力量虽然有助于修正和改变法律结构的行为,但是也有损害机构完整性的危险;(4)法律目的的权威性和法律秩序的整合性来自更有效率的法律制度的设计。其实质是要使法律不拘泥于形式主义和仪式性,通过理论和实践相结合进一步探究法律、政策中所蕴含的社会公认准则(价值)。②

回应型法把目的导向与强制参与立法过程结合起来,它是一个超越"自治型法"的演化推进,这个"自治型法"的阶段就是韦伯所指的形式理性。③在回应型法的模式下,"制度有必要由目的来引导。目的能够设立批判既存的规章制度的基准,并据此开拓出变革之路。同时,如果真心实意地观察目的,那么目的也自然可以制约行政裁量,从而也可以缓和制度屈服(于社会压力)的危险。"④"回应型法所预想的社会是一种使政治行政者面对其问题、确立其重点和作出必要承诺的社会。"⑤"它的独特贡献是要促进公共目的的实现并将一种自我矫正的精神铸入政府管理过程。"⑥诺内特和塞尔兹尼克

---

① 〔德〕图依布纳:《现代法中的实质要素和反思要素》,矫波译,载《北大法律评论》第 2 卷·第 2 辑,第 584 页。
② 〔美〕诺内特、〔美〕塞尔兹尼克:《转变中的法律与社会:迈向回应型法》,张志铭译,中国政法大学社 1994 年版,序言第 6 页、第 87 页。
③ 〔德〕图依布纳:《现代法中的实质要素和反思要素》,矫波译,载《北大法律评论》第 2 卷·第 2 辑,第 588 页。
④ 〔美〕诺内特、〔美〕塞尔兹尼克:《转变中的法律与社会:迈向回应型法》,张志铭译,中国政法大学社 1994 年版,序言第 6 页。
⑤ 同上书,第 127 页。
⑥ 同上书,第 128 页。

的基本构思是:使实质正义与形式正义统合在一定的制度内,通过缩减中间环节和扩大参与机会的方式,在维护普遍性规范和公共秩序的同时,按照法的固有逻辑去实现人的可变的价值期望。换言之,回应型法在扬弃和综合压制型法与自治型法的基础上,试图改变法学方法论上自然法与法实证主义二元对立的局面,赋予国家制度以自我修正的精神。将法律发展并非仅仅看做是法律规范、法律原则和基本法律概念的展开,而是取决于各种社会力量、机构限制、组织结构和(最后但不是最不重要的)概念潜能之间能动的相互影响。①

三、基于沟通的反思型法

有关法律的演变上,尼古拉斯·卢曼对应于其将社会区分为分割的社会、分层的社会和功能分化的社会类型,提出了一种相应的法律秩序类型,并且假定法的进化性分化可以被理解为一个自主化过程,即实证化的法律最终获得自主性,成为一个自组织系统。这样,"法律系统作为一个循环封闭的交往回路同它的外部环境保持界限,以至于它只能通过系统维持来保持它的外部联系。"②"法律系统通过预期规范与认知规范的区分将循环再生产的封闭性和与环境相联系的开放性结合了起来,换言之,法律是一个在规范上封闭而在认知上开放的系统。"③

法律作为一个封闭的系统,法律规范的改变只有发生在法律系统内部才能被视为法律的改变;法律在认知上是开放的,意味着法律在各方面都得适应环境,当法律系统从外在社会环境获知一些信息后,它会按照环境的需要和要求重新解释自己,通过自己的要素自己调整自己的程序安排,以对环境作出适应。"法律中的每一运作,信息的每一法律过程都同时采取了规范

---

① 〔德〕图依布纳:《现代法中的实质要素和反思要素》,矫波译,载《北大法律评论》第 2 卷·第 2 辑,第 588 页。
② 〔德〕哈贝马斯:《在事实和规范之间:关于法律和民主法治国的商谈理论》,童世骏译,生活·读书·新知三联书店 2003 年版,第 61 页。
③ 胡水君:《卢曼的法律与社会理论:现代与后现代》,载朱景文主编:《当代西方后现代法学》,法律出版社 2002 年版,第 408 页。

和认知取向——同时而且必须连接在一起,但是,它们并不具有同样的功能。规范属性服务于系统的自我塑成,服务于其与环境相区分的自我存续。认知属性则服务于这一过程与系统环境的调和。"①

对于法律系统来说,全社会范围的导控功能是没有余地的。法至多能在比喻的意义上"调节"社会,也就是说以这样的方式:它改变自己,使自己作为一个改变了的环境出现在其他系统面前,而这些系统也可以用同样间接的方式作出"反应"。"社会越是复杂,法律系统受到的变化压力也就越大。它必须迅速适应变化了的环境。"②

据此分析,卢曼认为目前的法律危机产生于从分层社会向功能分化社会的转变。这种转变"要求"法律秩序的相应转变。从这种观点来看,目前法律危机源于现行的实在法系统不能胜任功能分化社会的复杂性。"法律系统的自主性,是以它反思地自我导控,并且与政治和道德划清界限的能力为基础的。"③在卢曼看来,现在真正需要的不是诺内特和塞尔兹尼克所建议的增加法律的目的性和参与功能,而是增加法律制度的高度抽象性、功能主义思考和"自我反思性"。④

哈贝马斯从另一个更有利的角度来探讨同样的问题。作为"批判理论"的主要代言人,哈贝马斯试图沿着新演化论的路径完成对"历史唯物主义的重构"。和卢曼一样,哈贝马斯也界定了社会的各个不同阶段:前习俗的(preconventional)、习俗的、后习俗的(postconventional),并且分析了不同的社会发展阶段与道德、法律发展之间的关系。"法律是一个由于建制化过程而变得具有自我反思性的合法秩序。"⑤

---

① 胡水君:《卢曼的法律与社会理论:现代与后现代》,载朱景文主编:《当代西方后现代法学》,法律出版社 2002 年版,第 409 页。
② 〔德〕哈贝马斯:《在事实和规范之间:关于法律和民主法治国的商谈理论》,童世骏译,生活·读书·新知三联书店 2003 年版,第 590 页。
③ 同上书,第 593 页。
④ 〔德〕图依布纳:《现代法中的实质要素和反思要素》,矫波译,载《北大法律评论》第 2 卷·第 2 辑,第 584 页。
⑤ 〔德〕哈贝马斯:《在事实和规范之间:关于法律和民主法治国的商谈理论》,童世骏译,生活·读书·新知三联书店 2003 年版,第 89 页。

在哈贝马斯的模型中,"法律体现为'理性结构'历史序列的制度化身。形式法在哈贝马斯的方案中体现为一种传统的理性结构;而目前的情势蕴含着向截然不同的社会和法律理性形式的转变。"① 形式理性主义在哈贝马斯看来,是传统理性结构的结晶,而目前的情形,则涉及了不同的社会与法律的转型。哈贝马斯基于自己的交往行为理论所构想的法律发展的未来模式,"既不是通常意义上的法律程序,又不是指罗尔斯的程序正义,也不是指卢曼作为合法性策略的程序,而是指基于沟通理性、以平等自由的对话协商为特质的民主程序。在这种民主程序中,人们通过参与协商形成作为共识的法律,所有的人都成为自己的立法者,法律不再是自上而下的由政府强加的。"② 这是一种反思性的法律。在这种反思性法律的类型中,"立法者不再直接追求具体的目标,相反,以过程为取向的程序规范被认为应该使参与者能够自己来调节他们的事务。这种反思的或者双层的非形式化模式的优势在于,它通过同时赋予法律承受者以自主性而具有了更大的灵活性"。③

在图依布纳看来,诺内特和塞尔兹尼克侧重于借助法律制度"内在"的变量来说明法律变迁,而哈贝马斯和卢曼则倾向于强调法律与社会结构之间外在的相互关联。而他所采取的策略是将内在变量和外在变量统合于他们的共变模型中。④ 图依布纳根据哈贝马斯的交往(沟通)行为理论和卢曼的新功能主义理论,认为诺内特和塞尔兹尼克提出的自治型法相当于韦伯所称的形式理性法,而回应型法则是建立在扩张韦伯所称的法的实质理性基础之上,其功能的发挥会受到哈贝马斯所说的晚期资本主义社会理性(合理性)危机、合法化危机和动机危机的限制,实际作用会大打折扣。只有充分发挥回应型法中所包含的"反思要素"的作用,回应型法才能在社会中真

---

① 〔德〕图依布纳:《现代法中的实质要素和反思要素》,矫波译,载《北大法律评论》第 2 卷·第 2 辑,第 585 页。
② 高鸿钧:《现代西方法治的冲突与整合》,载高鸿钧主编:《清华法治论衡》(第 1 辑),清华大学出版社 2000 年版,第 38—45 页。
③ 〔德〕哈贝马斯:《在事实和规范之间:关于法律和民主法治国的商谈理论》,童世骏译,生活·读书·新知三联书店 2003 年版,第 570 页。
④ 〔德〕图依布纳:《现代法中的实质要素和反思要素》,矫波译,载《北大法律评论》第 2 卷·第 2 辑,第 586 页。

正发挥其功能。为此,图依布纳详细分析了形式的、实质的和反思的三种法律理性的区别,在以形式理性导向的形式法和以实质理性导向的实质法之外提出了"反思型法"的概念。

反思型法是在国家过度干预造成现代福利国家出现危机后涌现出来的,其所倡导的反思理性在不同法律领域中都有不同程度的体现,总的发展趋势是通过法律来促进社会的自主化发展,防止和避免国家法对社会生活进行直接的强制性干预,即"在反思型法的体制下,法律对社会行为控制是间接的和抽象的,因为法律制度仅仅决定未来行动的组织前提和程序前提"。[①] 法律不再被认为是严格的权威性的行为期待,并且有明确的结果,法律的作用力是有限的,它的角色仅仅是"程序性规制",它仅仅限于提供组织形式、程序、权能,为社会组织之间和社会组织内部谈判提供前提性条件。[②]

法律的功能应侧重于使社会组织内部和社会组织之间形成一个反思沟通的网络而提供结构性前提。组织问题和程序问题成为反思型法所关注的两大基本问题。所谓组织性问题,就是指反思型法要致力于促进各种自主或半自主的社会组织系统的发展,诸如"第三部门"的自主发展,使各种分散的社会利益能够拥有自己的合法代言人。所谓程序问题,就是指反思型法不仅要设定和规范这些社会组织系统内部的活动程序,而且要设定和规范这些社会系统与其他社会系统之间进行自主交往和协调所必须遵守的程序。

反思型法的改革重点不是转换法制本身的目的,只是企望改善法制与社会的结构性衔接方式,扩大法制替代性选择的范围。从实用主义的立场上来看,反思型法的思想突出并巩固了法律的应用性属性,提出了寻求更切合实际的方案,即采取间接的法治方式、提倡在私法和社会法领域中实行有控制的自主管理、坚持程序正义的精神。其结果,诺内特和塞尔兹尼克试图

---

① 〔德〕图依布纳:《现代法中的实质要素和反思要素》,矫波译,载《北大法律评论》第 2 卷·第 2 辑,第 597 页。
② Gunther Teubner, *Law as an Autopoietic System*, Blackwell, 1993, p.94. 转引自李海平:《后现代背景下行政法的范式转型——迈向反思型行政法》,法律出版社 2005 年版,第 77 页。

使之潜在化的强制力就被转化成为在法的担保下进行协商的交涉力。①

总体而言,反思型法理论是一种法律自治思想的新理论途径,强调的是法律不再应该负担社会过程的管制结果的重大责任,并将法律的角色限缩在设定、矫正和重新界定民主政体下的自我管制机制。这一点上与诺内特和塞尔兹尼克所称的回应型法是一致的,回应型法所关注的焦点,是创造、形成、矫正,以及重新设计社会体制,使其变成具有自我管制功能的系统。法律规范必须在制度结构与社会结构之间,产生一个"和谐适配",而不是企图去影响社会结构本身。法律规范不再提供行为的实质指引,而是对组织、程序和功能提供指引,法律不再对具体的社会结果负完全的责任,而只限缩在建构自我管制的机制,例如协商、计划等。即"社会进程的集中干预限于法律领域之内,但是它回避对实质性后果承担完全的责任"。②

第二节 环境风险规制的反思理性

图依布纳在诺内特和塞尔兹尼克法律类型化基础上进一步分析了法律在现代社会变迁的内在动力,这种动力除了卢曼所提出的自创生性外,还有法律的内在理性。韦伯是从法律的制定和适用的角度界定两种法律理性概念的:形式理性和实质理性。形式理性和实质理性的法律之所以是理性的,就在于他们都依据基本的规则来制定和适用法律,不同在于实质理性法律的制定或适用主要依据意识形态体系的原则(道德的、宗教的、政治的),形式理性则依据外在可观察的行为和体系化的法律概念和规则体系。但是韦伯的理性概念只着重于法律理性的内在特征,也就是构建一般性的概念范畴以及法学原理的系统化。

---

① 〔美〕诺内特、〔美〕塞尔兹尼克:《转变中的法律与社会:迈向回应型法》,张志铭译,中国政法大学社 1994 年版,序言第 8 页。
② 〔德〕图依布纳:《现代法中的实质要素和反思要素》,矫波译,载《北大法律评论》第 2 卷·第 2 辑,第 596 页。

图依布纳在韦伯的基础之上提出法律的反思理性,由此我们可以得到三种法律理性形式的启示和类型化思维路径:(1)形式理性。法律的制定和使用遵守形式化的规制,即法律命题及原则的一般化、法律规范的体系化以及根据逻辑分析的方法尝试法律概念与社会行为的意义。(2)实质理性。法律的制定和适用遵循一般化的规则。但这些规则主要是来自意识形态体系的原则,如道德、宗教、权力政治等,而不是法律本身。(3)反思理性。法律的制定和适用服从于社会自身的运作规则,法律主要体现为组织规范、权能规范和引导社会内部沟通和交流的程序性规范。① 法的这三种理性都是法律系统内部的变量。

哈贝马斯继承并发展了韦伯的理性概念,把法律理性扩展到更加广泛的范围。他说:"一般认为,我们把一种能够加以论证的意见或行为称为合理性的。"合理性可以从三个方面进行论证:技术的方面、战略的方面、实践的方面。技术方面的合理性强调手段选择的合理性,即该手段是否具有达到既定目标的功能;实践方面的合理性强调"说明规范和价值站得住脚的理由",即价值层面上的合理性。与此相对应,法律在技术方面的合理性,即"工具合理性",以解决技术问题为衡量标准,体现的是法律自身的内在结构是否合理;战略方面的合理性称为"系统合理性",即法律在外在功能方面控制和回应社会问题的能力;实践方面的合理性,也叫做"规范合理性",即在价值层面让人接受的正当理由。②

在哈贝马斯的理论框架里,韦伯的法律理性概念只是技术方面的工具理性,或者说法律自身结构的合理性,图依布纳称之为内在理性。即规范理性侧重的是法的正当化,系统理性表现的是法的外在功能,内在理性是法的内在结构的体现。由此,法律理性的三个维度表现为:法律的内在结构——

---

① 李海平:《后现代背景下行政法的范式转型——迈向反思型行政法》,法律出版社 2005 年版,第 77—78 页。
② 〔德〕哈贝马斯:《重建历史唯物主义》,郭官义译,社会科学文献出版社 2000 年版,第 252—253 页。

内在理性;法律的外在功能——系统理性;法律的正当性——规范理性。①

在早期的资本主义阶段,自由资本主义经济的内在发展要求政治国家的权力被"限定在为追求自我选定目标的公民提供一个支持性框架上",其价值取向在于通过形式上的平等实现人的消极自由,契约自由得到形式法律的切实保障和维护,法律的作用是划出一块不可侵犯的私人生活领域并禁止国家公权力的介入,国家的使命在于维护社会正常运行所必需的安全秩序,政治与法律相互分离独立。这一时期的法律强调形式合理性,即诺内特和塞尔兹尼克所说的自治型法。形式法体现出了法律特有的社会功能,发展出自己的系统理性,形式主义的内在理性得以体现。

随着现代化进程的逐步扩张延展深入升华,形式法范式出现了实质化迹象。这种实质化迹象的根本原因之一在于形式法内在逻辑本身,为形式法治所放纵的市场机制对权利的形式平等保护要求却内在的造成了事实上的不平等。资本市场化和产业技术化过程的深入,将国家带入福利国家阶段。在此时期,法律本质发生根本性的升华即发展为一种实质法(回应型法):目的在法律推理中权威性加大,对法律的服从义务减轻,法律辩护增加了开放性和灵活性的政治尺度,法律目的持续权威和法律秩序的完整性取决于设计更有能力的法律机构。② 法律的实质理性得以彰显。

形式法和实质法都在以下两个重要方面促进着西方社会的现代化进程:在政治现代化领域,两种法律范式都将公民的权利、自由和民主视为至上价值加以维护和追求,并通过代议制(权力分立与制衡)这一公共政治权力中心作为权利和自由价值实现的强力后盾;在经济现代化领域,两种法律范式都极力倡导并切实维护以资本市场化和产业技术化为根本内容的社会经济发展。③ 然而随着高科技的发展和社会的进步,政治现代化的后果是对

---

① 〔德〕图依布纳:《现代法中的实质要素和反思要素》,矫波译,载《北大法律评论》第2卷·第2辑,第593页。
② 〔美〕诺内特、〔美〕塞尔兹尼克:《转变中的法律与社会:迈向回应型法》,张志铭译,中国政法大学社1994年版,第87页。
③ 韩德明:《反思性法制现代化初论》,载《法律科学》2006年第5期,第6页。

传统国家政治这一公权力中心的权威地位消解,一种被贝克称作"亚政治"的新型权利场域逐渐取代议会政治开始在民主领域自动发挥功效,"伴随着专业化民主的模式,新的政治文化正在变成现实,其中,异质的亚政治中心,基于已有的宪法权利而对于政治上形成并推行的决策具有某种影响"。①

面对当下风险社会的挑战,现代国家奉行干预主义的"家长式"政府的行政权力必须加倍扩张,国家义务由以被动要求的防御型进入主动作为的安全保障型即安全保障国阶段,以渐进探索和形成有效协调、控制日益复杂且多元多样多层次的社会需求和多样性满足需求的多样性的法律秩序,试图维护和维持在任何社会非正义现象出现的场合国家的在场。"但是,调控任务的增长所导致的结果不仅仅是行政权力独立于边缘化的立法部门而自成一体。这种增长还把国家卷入同各种社会功能系统、大型组织、社团等等的谈判中,而这些系统和组织在很大程度上逃避强制性导控,对它们只能采用说服性的交往手段。"②在实质法阶段发展出来的法律往往是风险事件发生后的一种责任归咎标准,并且这种责任归咎标准还因为风险本身的不确定性而无法给出确定的规则,法律自身的运作也受到不确定性的极大挑战。

高科技风险所带来的对未来的极度不安全感,使得人们对于未来不确定的风险表现出更为强烈的恐惧感。垃圾焚化场、核电站、生物技术工厂、化工厂的兴建越来越多地受到团体性抵抗。行政机关总是认为他们的这些计划是"有理性的",是为了"公众的利益",然而却得不到公众的理解。原因在于:首先,多少有些危险和负担的生产和基础设施建设计划的利益和负担是永远不可能公平分配的。其次,专家意见这种常规的政治咨询工具也随之失灵。即使是意见和反对意见之间的相互作用也不能解决这些冲突,只能使冲突界线更加坚固。

对风险社会的认识,贝克采取的是一种反思的视角,提出需要现代性必须以一个更为反思的方式去面对一个更为开放及争议的未来,即现代性必

---

① 〔德〕乌尔里希·贝克:《风险社会》,何博闻译,译林出版社2004年版,第240页。
② 〔德〕哈贝马斯:《在事实与规范之间:关于法律和民主法治国的商谈理论》,童世骏译,生活·读书·新知三联书店2003年版,第536页。

须自我超越、持续地进行内在的反思、检讨和重建。"反思性的现代化"摒弃了这种"单面向"的思考,主动地追求替代性方案,以扭转人类"自我危害"(self-endangerment)式的发展走向。①

面对复杂的现代社会结构,在工业界、政界、科学界和老百姓之间建立某种有利于达成共识的合作形式和论坛就显得尤为必要了。达到协商沟通的前提是对工具理性模式的废除,形成新的协商和调解的制度。对于协商模式的建立,贝克建议:"第一,要破除专门知识的垄断,即告别行政机构和专家总能够准确地了解对个人来说什么是正确的和有益的,或者说他们至少了解得更多这样的错误观念。第二,管辖范围的除去形式:团体所能够参与的范围不能再根据专家的内在考虑而封闭,必须根据社会的相关标准而开放。第三,决策结构的开放:所有参与者都必须意识到决策尚未作出,现在只是前期阶段。第四,创造公众领域:专家和决策者的闭门协商必须传达到或转化为多种多样的代理人之间的公共对话。第五,自我立法和自我约束:决策过程中的有关讨论方式、协议、辩论、访谈评估、选举和批准形式都必须达成一致。"②

当然,协商的论坛并非一定就能达成共识,也无法消灭冲突和工业生产不受控制的危险。但是通过协商的论坛,各方的意见得以表达,从而为进一步的行动创造条件。应对这种政治上的要求需要法律的反思理性发挥作用。面对社会系统的复杂性,"一致的、规范性的一般化看法的生产可能不足以提供解决具体冲突的恰当规则,而且法律系统通过冲突解决过程,可能生产出不能通过一般化而形成一致看法的规范,法律反思的作用就是通过对法律系统的能力施加内在限制来调和功能与实施之间的固有紧张"。③ 反思理性是在近期福利国家危机中涌现出来的,虽然它和实质法一样都要在

---

① Ulrich Beck, *The Reinvention of Politics: Rethinking Modernity in Global Social Order*, Cambridge: Polity, 1997, pp. 23—28.
② 〔德〕乌尔里希·贝克、〔英〕安东尼·吉登斯、〔英〕斯科特·拉什:《自反性现代化——现代社会秩序中的政治、传统和美学》,赵文书译,商务印书馆2001年版,第38页。
③ 〔德〕哈贝马斯:《在事实与规范之间:关于法律和民主法治国的商谈理论》,童世骏译,生活·读书·新知三联书店2003年版,第616页。

法律领域中介入其他社会运作,且反思理性迄今为止还是一个不成熟的、未予确切界定的替代性选择,但是它对于负担完整的责任和实质的结果却有不同的看法。①

反思法的正当化理由,并非建立在完美的社会自主性上,或是对行为的集体管制,相反的,它的正当化是建立在社会合作的协商式迂回决策方式。在这种规范理性之下,反思法呈现出一种新自由主义的法律概念。因为在某种程度上,它支持社会的自主性,它依赖"看不见的手"机制的作用;但在另一方面,反思法也不完全对自然的社会秩序抱以完全的信任。它寻求达到"管制上的自主性",它寻求通过组织性和程序性的规范,来设计出自我管制的社会系统。②

反思法的作用在于通过型塑社会次级系统内部的对话程序,以及与其他社会次级系统协调的方法,来建构或重构半自主的社会系统。因此,反思法的系统理性,是在促进功能分化的社会内部的整合。而更为重要的是,反思法并非以权威的方式来设定社会整合的方法,而是通过支持自主的社会次级系统间的整合机制,来建构分权式的社会整合结构。最后,反思法的内在理性不再是运用精确界定的形式规则体系,或将目的取向融入实质标准之中,而是有赖于程序性的规范,来规范程序、组织和权利与功能的分配。在反思型法的体制下,法律对社会行为控制是间接的和抽象的,因为法律制度仅仅决定未来行动的组织前提和程序前提。③

迎接风险对现代法律的挑战,或许法律只能依赖于其反思理性进行回应。这种反思理性所强调的是新程序主义:"将谈判权力委托给发生争执的各方,并建立准政治性的形成意志和达成谈判的程序。借助于这种类型的规则,立法者不再直接追求具体目标;相反,以过程为取向的程序规范被认

---

① 〔德〕图依布纳:《现代法中的实质要素和反思要素》,矫波译,载《北大法律评论》第 2 卷·第 2 辑,第 596 页。
② 同上书,第 596 页。
③ 同上书,第 596—597 页。

为应该使参与者能够自己来调节他们的事务。"[①]在这个过程中，公众的风险决策主体的地位得到认可，企业借由自我组织、团体自治的理念，通过非直接、非立即的控制与反应，以程序目的作为发展部分组织系统中自动运作的先决条件，将法律决策的权力去中心化，分散给不同的团体。这也是现代立宪国家的要求："现代立宪国家对人性尊严的尊重，任何与决策有利害环境想人民，在程序上都应被当做有主体意识的人看待，而非决策的使用对象。"[②]基于法律的反思理性，需要强化公民的权利，使其能够真正作为决策者参与到决策过程中，发挥自身的规制功能。面对风险社会的挑战，以保障公众知情权、参与权实现的程序主义的进路是环境法应对环境风险规制的可行方向。

[①] 〔德〕哈贝马斯：《在事实与规范之间：关于法律和民主法治国的商谈理论》，童世骏译，生活·读书·新知三联书店 2003 年版，第 570 页。
[②] 叶俊荣：《环境行政的正当法律程序》，1997 年自版，第 5 页。

第五章　环境风险规制中公民权利的实现

中国的环境法产生于20世纪70年代末。1979年《中华人民共和国环境保护法(试行)》正式颁布实施后,有关污染控制和自然资源保护的环境法律法规体系开始在我国建立实施。仔细梳理不难发现我国的环境法律制度体系基本都是围绕政府的环境监管展开,立法重点和大量规范均属于对政府及其相关职能部门环境监督管理的确权与授权,公民、法人或者其他组织被作为规制对象而展开,呈现出"重公民保护环境义务,轻公民享用环境权利""重规范企业环境责任,轻规范政府环境责任"等特征。有关污染防治法律的体系更是典型的"监管者监管之法",主要体现为:第一,在制度价值选择上围绕着赋予政府各项环境行政管理权展开制度设计;第二,在立法思路上尽可能体系化地向政府确权与授权;第三,在制度手段上偏向于采取行政指令的方式向污染制造者和排放者下达排污指标,直接限制规制对象(企业)的污染物排放。[①] 这种对环境污染自上而下的以"命令—服从"或"权威—依附"型制度为重心的模式体现为一种"压制型

---

① 刘超:《管制互动与污染第三方治理》,载《中国人口资源与环境》2015年第2期。

法"的特征,以政府行政权力为主导来控制各类污染排放行为。

然而环境状况的日益恶化,尤其是雾霾的日益严重,一再印证了"压制型"环境法在环境风险控制上的无力。在立法架构上,以各环境要素为依据制定的单行法规定各环境要素污染防治的监管执法权分属不同职能部门来行使,这使得环境风险规制的任务被条块分割,难以体现自然生态环境的整体性和各生态要素的相互依存关系;在法律实施上,行政权力运行的科层制特征使得国家层面的立法在层层分包之下容易被异化,地方政府在落实环境法律制度要求的同时难免受到其他规制目标的消解;在规制工具上,以行政权力为主导的"命令—服从"型的制度目标主要是依赖通过发放排污许可证、制定环境质量标准和污染物排放标准这两类强制性环境标准等手段对企业的污染行为进行严密监管来实现。单不说排污许可的条件设定和环境标准是否能够解决好科学与法律价值之间的冲突,仅从环境执法来说,如此严密的监管要求能否得到有效的落实依赖于基层环境执法力量,然而目前我国的环境执法普遍存在人员不足的问题,导致法律的实效性难以实现。

"压制型"环境法将对环境风险的防范作为权力归于行政部门,将污染企业单纯的作为被规制者进行严密的监管,将受到环境风险影响最大的公众排除在风险规制之外,在实践中不仅无法有效地控制住环境风险,还可能进一步地引发一些社会性风险。从公众的角度来说,环境保护行政主管部门拥有大量的环境行政监督管理权力,就应当对环境质量负责。在这一认知的支配下,公众对环境质量状况的不满直接发泄于环境保护行政主管部门,如2013年浙江省多地环保局局长被市民"邀请"下河游泳事件。

面对日益增多的环境风险,环境风险规制需要将企业、公众作为环境保护的积极力量,发挥社会力量参与环境治理,改变由行政独揽环境监管职权的单一控制模式。环境法需要迈向回应型法,将企业、公众、社会组织等多元化力量之间的冲突与对抗纳入到良性、法治的轨道中,发挥其正面参与能力,使得各社会主体对利益的表达和国家对社会利益的认可共存于理性的、畅通的渠道之内。在回应型法治秩序的权力配置以及权力与权利的关系上，国家权力意志不再处于绝对的优势地位，公众的权利、社会主体的权利应当受到法律的同等尊重和重视。

第一节 实现风险沟通的环境知情权

风险有着不确定性的特性。风险规制的难题在于规制者必须决策于不确定性之中。面对环境风险，作为规制者的政府和作为风险利益相关者的公众都需要拥有一定的信息作出自己的风险判断，形成自己的风险决策意见，这也是个体认知和理解"自己利益"的基础，以及具备某种行动能力的基础。

由于信息获取需要一定的成本，风险规制者与被规制者之间的信息是不对称的：一项新产品是否存在安全隐患、是否会危及消费者的身体健康、其制造过程是否会给环境造成不可恢复的破坏……这些问题的答案，研发和生产该产品的企业显然比作为规制者的政府更清楚。而掌握更多信息的企业，出于逐利的动机，通常不愿意把这些风险信息提供给有权禁止其生产或销售的规制者。[1] 而这个问题在环境风险规制中则不仅表现为作为被规制者的企业不愿意将信息提供给作为规制者的政府，也表现在规制者比直接承受环境风险的公众掌握着更多的信息，而目前在我国的实践中，作为规制者的政府，出于某种现实性的考虑，也不愿意将这种信息告知受环境风险影响最大的公众。如四川什邡的钼铜项目，从立项到审批完成再到开工历时两年，可是绝大多数什邡居民直到 2012 年 6 月底开工启动才得知这个重大化工项目的存在，引发公众对政府意图的猜疑。[2]

---

[1] 金自宁：《作为风险规制工具的信息交流 以环境行政中 TRI 为例》，载《中外法学》2010 年第 3 期，第 381 页。

[2] 吴逢时、彭林：《2012 年环境公共事件述评》，载《中国环境发展报告 2013 年》，社会科学文献出版社 2013 年版，第 27 页。

随着环境意识的提高,越来越多的公众开始关注自己身边的环境风险,开始认真考虑自己的风险承受问题,并积极要求参与环境风险决策。1992年《里约环境与发展宣言》原则 10 规定:"环境问题最好是在全体有关市民的参与下,在有关级别上加以处理。在国家一级,每一个人都应能适当地获得公共当局所持有的关于环境的资料,包括关于在其社区内的危险物质及其活动的资料,并应有机会参与各项决策进程。各国应通过广泛提供资料来便利和鼓励公众的认识和参与。应让人人都能有效地使用行政和司法程序,包括补偿和补救程序。"换言之,为了实现地球可持续发展之理想,国际社会要求各国政府建立完善环保制度,确保各国民众能获得环保相关信息,并且有充分机会参与环境问题有关事项的决定过程。

环境信息是与环境相关的各种信息,其范围相当广泛。1998 年欧洲经济委员会环境政策委员会通过的《关于在环境领域的信息公开、公众参与和诉诸司法的奥胡斯公约》(《以下简称奥胡斯公约》)对"环境信息"作了相当宽泛的界定。该公约认为环境信息指包括环境、生物多样性(含转基因生物)的状况和对环境发生或可能发生影响的因子(包括行政措施、环境协议、计划项目及用于环境决策的成本—效益和其他基于经济学的分析及假设)在内的一切信息。公众对政府有关风险的决定方案的反应,取决于其所拥有信息的数量和质量,信息在风险的规制中具有举足轻重的作用。如果公民不能有效地获取环境信息,就无法对自己所在的环境作出判断,无法形成自己有关自身环境的风险角色定位,无法认知、分析自身在这个事件中的利益和诉求。有关环境风险认知的信息是环境信息的重要组成部分,另外还包括有关政府的行政措施、计划项目等可能发生影响的因子。

公众对环境信息的了解以环境知情权的形式逐渐得到国际法律文件,如《联合国气候变化框架公约》《联合国防治沙漠化公约》的确认。不少国家的国内法也陆续确认了公民的环境知情权,有的国家还制定专门的法律或设定专门规定来保障环境知情权。对于环境知情权的保障首先应通过环境信息公开来实现。而信息公开的义务主体则主要是拥有环境信息的政府和企业。从环境管制的角度来说,企业有义务向政府提供有关的环境信息。

政府与公众在环境信息占有上处于一种不平衡的状态：政府作为社会公益的主要维护者，掌握着众多公共资源和公共组织系统，在获取环境信息方面拥有众多优势，处于天然的优势地位。

各国立法也主要是要求政府和污染企业作为环境信息的持有人公开环境信息供公众获取。在以命令和控制为特色的传统规制中，政府信息公开的主要作用在于民主参与和监督行政，是行政过程公开化、透明化的要求。而进入风险社会之后，政府规制机关比以前更广泛地"决策于不确定性之中"，规制者信息和知识不足的问题也突显出来，在这种情况下，公众作为风险的直接承担者参与风险决策的诉求逐渐强化。在信息的获取方面，公众不再满足于被动的信息告知，而采取更加积极主动的方式去了解和获取环境信息，参与到信息的传递和交流中。环境信息公开是信息沟通的应有之义，但是信息的公开不等于信息沟通，信息沟通的过程也是公众表达自身意见的过程，是参与风险共识形成的过程。在环境风险决策过程中，各方在信息公开的基础上进行信息的沟通和传递就显得尤为重要，这是形成风险共识、作出风险决策的基础。在实施上，融合信息公开与公众参与的环境风险沟通在某些国家的实践中起到了很好的规制效果，信息作为一种新的规制工具引发了新的关注。

一、知情的沟通有助于风险共识的形成

我国环境法的理论研究以及实践中信息公开一直为人们所关注。在关于环境风险的决策上，信息公开主要被归结为是信息公开范围和数量的不足。事实上，从近几年发生的具有全国性影响的环境群体性事件来看，环境信息公开的不足都是引发事件的原因之一，而这种信息公开的不足在一定程度上是信息沟通的不足。在这些案例中，依据现有信息公开要求对建设项目建设信息的公开往往只是公众反对运动的导火索，而实际上公众反对的是政府对事关环境风险项目的决议。公众对于这些项目的环境风险观点基本上是凭借自己的生活感知形成一定的主观认识后再去自发的寻求科学依据，而政府面对公众的信息需求，却往往只是被动的应对，没能进一步的

公开和提供公众所需要的信息，最终，公众的风险疑惑不能得到消除，通过集体的行动来迫使政府停止风险项目建设。发生在2009广州番禺市民反对垃圾焚烧厂建设事件就充分体现了由于政府在风险沟通中的缺位而导致风险累积的过程。

2009年9月23号，广州市政府公示了拟在番禺建设垃圾焚烧厂的环境影响评价信息，从而引发人们对垃圾焚烧厂建设的关注。此前没有公开关于该地拟建设垃圾焚烧厂的规划等信息，这里同时兴起了房地产开发，吸引了众多城市白领到此处购房定居，形成了"广州最成熟的商品房小区"。事实上，小区的业主一开始并不了解垃圾焚烧技术的风险，他们对于垃圾焚烧的危害来自生活经验，譬如焚烧垃圾会产生烟雾，如果燃烧物中有塑料、玻璃等会产生刺激性气体或爆炸等。业主们由此认为这些将使得自己的居住环境变得不舒适，从而会影响自己的生活以及房产价值。直觉的风险感受与对政府隐蔽决策的不满转换为对垃圾焚烧厂建设的质疑。公众开始自己寻找有关垃圾焚烧技术危害性的科学依据。由于在垃圾焚烧的问题上，尚无准确的科学依据，专家阵营也分为"主烧派"和"反对派"，这加剧了公众对于垃圾焚烧厂建设具有重大环境风险的认识。2009年12月，多家媒体报道了政府官员、专家和垃圾焚烧厂商之间存在的利益关系，这些被业主广为转载的报道提到，政府邀请的专家要么是焚烧的厂商，要么是焚烧技术的专利拥有者。这些信息更加坚定了公众对于垃圾焚烧技术具有重大环境风险的认知，最终，番禺垃圾焚烧厂的建设不得不中断。[1]

从整个事件的发展来看，政府没有及时公开垃圾焚烧厂建设的规划信息，确实有不当之处，但是对于焚烧厂的开工建设，政府还是依据环境影响评价的要求进行了信息公开。但是公开的仅仅是建设具有环境风险的建设项目这一事实，在焚烧厂项目开展的前期，由于小区居民对于项目不了解以及政府对工程"公共性"与"安全性"的宣传造势，大多数民众对焚烧厂建设

---

[1] 郭巍青、陈晓运：《风险社会的环境异议——以广州市民反对垃圾焚烧厂建设为例》，载《公共行政评论》2011年第1期，第103—107页。

及其潜在威胁较少在意。随着业主自己获取信息形成一定的风险认知后，政府并未能及时的公开项目的相关技术、风险可行性、风险防范的技术措施等，任由公众从垃圾焚烧有巨大环境风险的认知出发继续获取信息巩固认知，最终，政府所坚持的项目建设具有安全性的论断因得不到进一步的信息论证而不攻自破，受迫于公众反对的压力，项目建设不得不搁置。

环境风险往往与科学知识密切相关，而科学知识作为一种信息，对其获取需要一定的成本。由于环境风险信息的专业性，公众往往难以靠自身的能力去获得有关环境信息的专业知识，而专业知识获取的缺乏会导致公众对环境风险的存在一无所知，如公众第一次得以通过听证会形式参与具体环境决策过程的圆明园防渗工程事件中，如无科学专家作出科技上的解释，一般民众根本不会意识到这个工程对圆明园的环境会有什么潜在的影响。更确切地说，没有专家向民众提供其专业知识并详加解说，一般民众——包括那些到圆明园游玩并亲眼看到防渗工程正在进行的人——根本不会意识到，正在发生的事可能对圆明园的生态系统产生的巨大环境风险。①

如果因为公众对环境风险的存在一无所知就不公开相关的信息，就会导致政府公信力的降低。现代社会信息无处不在，一旦有人了解到一些信息，很容易利用各种媒体进行扩散。公众无法从政府的官方途径获取相关信息，则会轻信非正常渠道的信息，为虚假、不真实、不全面信息的传播提供可能。环境信息获取的匮乏不仅导致政府公信力的下降，还可能导致公众对环境风险一知半解，甚至是误解，并最终导致公众无法理性地对事态作出判断的情况。如从 2006 年厦门民众以集体"散步"的形式反对 PX 项目落脚厦门开始，PX 项目的建设在大连、宁波、昆明等地接连遭遇公众的抵制。

---

① 2005 年兰州张正春教授在游览圆明园时偶然目睹圆明园 2200 多亩湖底正在进行的铺设防渗膜的"宏伟工程"，其职业的直觉让他感到对圆明园的天然湖底进行如此严密的全部防渗处理无异为圆明园"掘墓"。他认为"圆明园的水系是圆明园的'命根子'，破坏圆明园的水系这是要圆明园的'命'！"他立即打电话给《人民日报》，此事件在经过多家媒体披露之后，立即引起社会的强烈关注。后国家环保总局在举行了听证会征求公众意见后，作出工程立即停止建设，依法补办环评审批手续的决定，中止了该工程的建设。相关报道，可参见《圆明园湖底防渗工程引争议》，http://tech.sina.com.cn/focus/yuanmingyuan/index.shtml。

公众对 PX 项目的第一反应就是高毒、致癌,至于 PX 项目到底如何致癌,毒性有多大的依据,公众无法给出明确的判断根据。有研究表明,仅仅得知风险存在而不知风险性质及严重程度,特别是不知如何应对,容易导致公众对风险的夸大和过分的恐惧情绪①;而对风险过分的恐惧本身就构成一种可能带来严重不利后果的风险。"PX 项目决策程序透明度有限,所以公众有被蒙在鼓里的感觉;有关信息和知识公众不了解,项目带来的风险对公众来说具有较强的不确定性。"②有限的信息来源和认知使得人们轻信传言,而现代网络等信息传递速度的加快,使得人们对 PX 项目的恐惧放大,谣言乘虚而入,久而久之就演变成恐慌。面对 PX 项目的建设,一般公众难以保持理性。当人们缺少直接或者可靠的信息时,他们在很多时候就会受其他人想什么和做什么的影响,形成一种盲从,于是在厦门的 PX 事件之后,各地都掀起反对 PX 项目建设的浪潮。③ 而反对项目建设的结果却是"三输":地方经济失去合法、合规的项目,审批机构的公信力遭遇挑战,公众的抗争也并未争得更优的环保效果。④

信息在风险决策中具有重要的作用,是风险相关者各方形成各自的理性判断,进行沟通形成协商共识的基础。在环境风险规制中,公民的知情权不仅仅是要知道,要获取相关的信息,而且还要相关的信息能够为公众真正

---

① Soames Job, "Effective and Ineffective Use of Fear in Health Promotion Campaigns", 78 Am. J. Pub. Health 163—165 (1988).

② 肖潘潘、沈小根:《项目决策程序不透明等致 PX 陷困境 政府人员也困惑》,载《人民日报》2013-08-03, http://www.mzyfz.com/cms/yifaxingzheng/fazhigongzuo/gongzuodongtai/html/1459/2013-08-03/content-827546.html,2013 年 9 月 5 日访问。

③ 如《南方周末》在关于环境群体性事件的深度报道里就发现对于 PX 的专业认知,公众至今仍未理性接受。一位宁波人说:"大连、厦门都弄过了(指反对 PX),我们不弄没面子"。参见冯洁、汪韬:《"开窗"求解环境群体性事件》,载《南方周末》2012 年 11 月 29 日。http://www.infzm.com/content/83316,2013 年 6 月 29 日访问。

〔日〕黑川哲志:《环境行政的法理与方法》,肖军译,中国法制出版社 2008 年版,第 80 页。

④ 什邡项目仅投资损失就 4 亿多元,宁波是 60 多亿。取消争议项目当地的环境也未立竿见影得以改善,什邡事件之后,几十家小化工企业照常冒烟,"公众也没有说环境污染呢?"一名专家去东阳回访时发现村民在洗塑料瓶,那里要变成亚洲最大的塑料集散地,依然会造成污染。参见冯洁、汪韬:《"开窗"求解环境群体性事件》,载《南方周末》2012 年 11 月 29 日。http://www.infzm.com/content/83316,2013 年 6 月 29 日访问。

的了解。否则,公众对于相关风险的认识或者是因无法理解而熟视无睹,或者是因误解而盲从,对环境风险形成理性的认识和判断也就无法实现。从实用的角度来说,公众哪怕是毫无根据的恐惧在连锁效应作用下也会造成各种成本,甚至远远超出风险的实际影响本身。因而消除公众因信息不足而导致的恐慌是环境风险决策的关键。另一方面,在对待风险的问题上,专家的认知和接受的程度与一般民众是不一样的,这是基于各自的知识结构和价值判断的不同,因此在有关风险的决策过程中,就需要各种信息之间的传递交流与沟通,"将国民、地区居民置于环境风险管理的伙伴位置,基于共享信息基础上对话,对风险管理的应有状态形成意见,这样的相关过程就是风险交流"。[①] 这样一个过程有助于利害关系人之间相互交流、提供、说明信息,交换意见,提高关系人整体对问题、行为的理解与信赖水平,促进风险共识的形成。

二、知情的沟通有助于风险规制的实现

基于信息公开的信息传递沟通还能起到有效的规制作用。美国的环境污染排放、移动登记制度就是一个成功的案例。1986 年美国制定了《紧急规划与地区居民知情权法》(Emergency Planning and Community Right-to-Know Act),要求具有一定规模、有害物质使用量或加工量超过一定数量的企业或机构每年报告有害化学物质的排放量和废弃物的移动量;美国环境保护署将企业或机构报告的数据制作成数据库,通过因特网公开,所有人均可查看,这也被称之为有毒物质排放名录(Toxics Release Inventory,简称 TRI 制度)。TRI 的报告样式是标准化的,所报告的内容是企业场地内的化学物质向大气、水域、土壤的排放量和向地下的渗透量,以及为循环、回收、处理而向场地外搬出的化学物质量。1990 年《污染预防法》(Pollution Prevention Act)通过后,作为污染发生源的企业也有义务报告消减污染的努力及成果。

[①] 〔日〕黑川哲志:《环境行政的法理与方法》,肖军译,中国法制出版社 2008 年版,第 80 页。

这些有害物质排放的信息被公布以后，环境保护团体通过一般居民都能够理解的形式来整理和解说这些信息，和媒体一起用抓典型的方式聚焦于那些最恶劣的污染者，编制出"环境保护的黑名单"，从而使得普通公众能够理解污染者污染行为对自身生活环境的影响。公众在理解这些信息后，除了对恶劣的污染者进行道德上的谴责，还采取了更积极的"避害"行动，如作为居民限制污染企业进入特定地区，作为消费者抵制污染企业的产品等。正是通过环保团体和媒体的解释，TRI的公开信息比较准确地传递到了希望了解相关风险信息的主体那里；而同样重要的是，这些信息接受者对风险信息的"反应"反过来又作为信息传递到企业那里，成为促使企业减少污染的压力。最终，企业迫于压力而主动采取了减少污染的措施，以避免被列入黑名单或争取从黑名单上消失。①

从立法来看，TRI制度用意只在收集有害物质排放信息并向公众公开，并没有附加减排的要求，更没有不减排则予惩罚的配套措施。一开始，连美国环保署都认为它只是给已经困于文牍的企业带来额外负担。但是，从现实来看，它发挥了与减排规制相同的功能，甚至有比强制减排命令加惩罚这一传统规制手段更为显著的成效。美国环保署的一项调查显示，执行 TRI 规定之年度报告的企业和机构中，有 70% 声称他们因为 TRI 的缘故强化了其减排工作。据统计，该制度实施的头十年（1988 年到 1997 年），列入 TRI 的化学物质排放量就削减了 42.8%，其中主要都是企业自发性减排的结果。而且，TRI实施后，许多大企业自发地为自己制订了雄心勃勃的减排计划并且严格落实，而其自定的减排目标通常比国家的强制性标准严格得多。②

有效的风险沟通使得信息公开起到了风险规制的效果，主要的原因就

---

① 参见〔日〕黑川哲志：《环境行政的法理与方法》，肖军译，中国法制出版社 2008 年版，第 80—81 页。金自宁：《作为风险规制工具的信息交流 以环境行政中 TRI 为例》，载《中外法学》2010 年第 3 期，第 385—386 页。
② 金自宁：《作为风险规制工具的信息交流 以环境行政中 TRI 为例》，载《中外法学》2010 年第 3 期，第 384 页。

在于通过风险交流和沟通,公众在理解企业污染行为的基础上能够对企业所造成的环境风险作出自己的判断和决策,并通过自己的行为对企业施加压力,促使企业自我规制;通过风险沟通,企业减少污染的持续努力都被公之于众,这也很好地激励了那些不仅仅追求"达标"的企业发挥主动性和创造性,进一步追求卓越。在这个过程中,污染企业和公众之间对"可容许的风险水平"达成共识,双方的交流互动实现了对环境风险的决策,而政府的规制行为也不再体现为由其对"风险的可接受水平"作出在多大程度上是"安全"的风险决策,通过命令控制的方法强制企业达到这一要求。

对于有关环境风险的信息进行风险交流沟通,已经为一些国际公约所确认,如《关于持久性有机污染物的斯德哥尔摩公约》第 9 条及第 10 条规定:"各缔约国应采取适当交流机制,向公众提供持久性有机污染物(POPs)相关废物、污染场地等信息的交流。"一些国家和地区也已经在法律框架内纳入风险沟通的要求,如美国核能管制委员会(NRC)将风险沟通应用到表达与核物质有关的安全问题方面,规定核能商用机构必须在使用核材料时附上环境影响说明书,以教育研讨会、质疑回应的形式与大众和环保团体进行风险沟通。① 经合组织(OECD)核能机构则是成立了利益相关者信心论坛,以促进欧洲各国在核废料处置时与公众进行有效对话,设法增进决策过程中的公众信心。② 另外,美国环境保护署(EPA)制订的风险交流计划涵盖了空气污染、水污染、固体废物、毒性化学物质等环境问题,以期向公众传达包括石棉、杀虫剂、超级基金场地问题等威胁生态系统或民众健康风险信息。③

面对日益增多的环境风险,由政府作为唯一风险决策者的地位受到了严重挑战,环境风险相关者都要求参与到风险决策中来,而这种参与对环境

---

① North D W., "Risk Analysis:Where have We Been? Where are We Going?", *Risk Analysis*, 1990,10(2):197—198.
② OCED Nuclear Energy Agency, Stakeholder Confidence and Radioactive Waste Disposal, Paris: OECD, 2000.
③ Christine R D., Petersen D D., Risk Communication in Action: the Risk Communication Workbook, Cincinnati: U. S. Environmental Protection Agency, 2007.

信息的要求是能够进行风险交流的信息沟通,通过信息的沟通和交流,让公众和企业都能够真正了解自身的风险角色,并在应对环境风险中作出自身的努力。为实现风险沟通的目的需要,立法对环境信息公开提出更高的要求:第一,除了强化政府和相关企业作为环境信息公开的义务主体以外,专家也应当承担起信息公开的义务,对一些前沿的科研信息应当进行发表公开,不仅让专业人士了解相关的研究,也应当对公众进行相关的知识普及。因为专家"一方面承担着向规制机关供给专业知识的责任,担当政府奉行决策的'智囊';另一方面也承担着向公众进行关于风险知识性输入的责任,很多情形下,专家是引导公众知悉、了解风险知识的启蒙者"。①

第二,公开的信息应当是真实的。这种真实不仅仅表现在信息来源的真实性上,还表现在信息与真实状况的相符性。也就是公众依据所公开的信息能够确切地了解自己周边的环境风险状况。无法让公众了解环境风险状况的信息公开得不到公众对风险认知的满足,公众会以自己的方式去获取信息,如在2011年10月开始的灰霾天气,美国驻华大使馆自测的PM2.5数值让公众了解到PM2.5在认知灰霾中的作用,由于当时PM2.5尚未被纳入监测体系,公众兴起了"我为祖国测空气"的环境检测活动,以获取相关环境信息。②

第三,公开的信息应是有效的。信息的有效性是指所公开的环境风险的信息应当对公众形成正确的风险认知而言是充足的、全面的。目前的信息公开对于公众了解环境风险而言是不够的,因而会出现公众对于类似PX项目这类的环境风险,其风险认识的形成更多的是受到其他人认知的启发,而不是依赖于科学的知识。

第四,公开的信息应是可质疑并能得到质疑回复的,即应允许争议的或有争议性的。一直以来,我国的环境信息公开强调的是政府和企业作为义务人负有公开环境信息的义务,对于公开的信息是否能够传递给公众,以及

---

① 李永林:《环境风险的合作规制——行政法视角的分析》,中国政法大学出版社2013年版本,第212页。
② 冯洁、吕宗恕:《我为祖国测空气》,载《南方周末》2011年10月28日。

公众对信息的回馈,往往不被考虑。因而在我国的环境法制实践中环境信息的公开常常是流于形式,公众难以对自己所关心的周边环境状况的变化及时了解到情况,知情权得不到有效的保障,信息沟通的效果更是无从谈起。

在环境风险规制中要实现风险沟通的效果,法律对于信息公开的规定不能仅仅是一个单向的信息发射过程,而应当将其作为各方主体间相互的信息传递过程来看待,在这个过程中实现政府、企业和公众之间对环境风险的认知的交流,达致共识,起到风险规制的效果。公众参与的程序性保障显得尤为重要。

第二节 实现风险沟通的环境参与权

身处风险社会之中,通过民间组织、社会运动组织特别是环境保护团体等表达公众的风险意识,增加个人参与攸关自己祸福的决策机会成为公众的一种诉求。面对风险,公众要求在包含有技术风险的评价和管理相关的伦理矛盾的政策议题中引入商议、透明性和责任性。即"技术转变和政府活动间日益复杂的相互关系要求公民和公共权威间更多的对话。这使得公共参与的发展要求建立一个较少以国家为中心的,更具适应性和风险管理能力的,更易被接受的制度"。①

作为一种制度化的公众参与,指的是"公共权力在进行立法、制定公共政策、决定公共事务或进行公共治理时,由公共权力机构通过开放的途径从公众和利害相关的个人或组织获取信息,听取意见,并通过反馈互动对公共决策和治理行为产生影响的各种行为"②,是公众通过直接与政府或其他公共机构互动的方式决定公共事务和参与公共治理的过程。

---

① 蔡定剑主编:《公众参与:欧洲的制度和经验》,法律出版社 2009 年版,第 7 页。
② 蔡定剑主编:《公众参与:风险社会的制度建设》,法律出版社 2009 年版,第 5 页。

公众参与的内容可分为三个层面：一是立法层面的公众参与，如立法听证和利益集团参与立法；二是决策层面的公众参与，包括政府和公共机构在制定公共政策过程中的公众参与；三是公共治理层面的公众参与，包括法律政策实施，如行政许可、行政裁决中的听证。① 由于公共参与的主观目的、采用的方式不同和掌握的方法技术不同，参与的程度和深度是不同的。1969年雪莉·阿恩斯坦（Sherry Arnstein）在美国规划师协会杂志上发表了著名的论文《市民参与的阶梯》，文章的最大贡献在于发现了一种具有八种层次的公众参与类型模式，这八种类型的参与呈一种阶梯的形状展示出来。该理论是公众参与效力论述方面的经典框架，也是至今仍被国际学界广泛认同并广为应用的理论。②

阿恩斯坦按公众参与的程度，将公众参与类型分为：操纵、引导、告知、咨询、劝解、合作、授权、公众控制八种类型。从参与的深度上来说，这八种类型的参与又可以分为四个层次，即低档次的参与、表面层次的参与、高层次的表面参与和合作性参与。

操纵，是政府按自己的目的和意思组织并操纵公众参与的过程。引导，就是政府以公众参与的形式达到让公众支持自己的目的。在这种形态中，公众实际上对于决策过程并无实际参与，操纵、引导其实是彻底的假参与。

告知，是政府把信息通知参与者，使参与者了解情况。咨询，是政府提供信息，公开听取参与者的意见。这两种参与类型最大的问题在于信息从政府官员到公民单向流动，公民没有任何反馈的渠道以及与政府谈判的权力，特别是当信息在决策较晚阶段被提供时，公民几乎没有机会去对决策产生影响。在这种形态中，普通民众可借由利益团体等组织形式发表统一意见，决策者因压力而需湿度考虑其利益，但总的来说这些意见对决策者仅有有限参考的影响作用。所以说，这样的参与只是表面参与。

---

① 蔡定剑主编：《公众参与：风险社会的制度建设》，法律出版社2009年版，第5—6页。
② 以下内容参见蔡定剑主编：《公众参与：欧洲的制度和经验》，法律出版社2009年版，第13—19页；唐明良：《公众参与的方式及其效力光谱——以环境影响评价的公众参与为例》，载《法治研究》2012年第11期，第99页。

劝解，包含着伟大的妥协精神，是公众参与发展的重要阶段。相对于告知和咨询，首先从受众来讲，是更加广泛的公众，而不仅仅限于参与者；政府与参与者之间形成了交流互动，另外，参与者介入的时间比之前的四种类型都要提前，但因政府仍然有着最终决定权，所以也只是比较深层次的表面参与。

合作、授权、公众控制，是深度公众参与类型，和前面的参与类型最大的不同在于，参与者在知情权得到保障的情况下，全程参与决策过程，发表看法，就参与内容与政府共同决策。在此，公众成为真正的全部或者部分决策者，决策机关的职能被弱化，更多承担监督和协调之责。其中，"合作"是指公众对决策权的分享，决策由公众和决策机关共同作出，责任也由双方共同承担；而"授权"是指经由决策机关的授权，公众成为真正的决策者，政府监督和支持其行使决策权；"公众控制"则走向参与的极致，公众无需授权便可完全自主地作出决策，并对决策独立承担责任。

面对环境风险的不确定性，公众参与要求强化公共机构和公众在参与过程中的互动性，只有单方的行动而没有互动过程的行为不能称之为公众参与，深层次的合作性参与是公众参与的理想状态。"有诚意的、深入的、有效的公众参与是一个信息充分披露、公众完全知情、形成交流互动、公众充分享有并不断扩大参与权利的过程。"[①]公众参与的实现要强调决策者与受到决策结果影响的利益相关人双向沟通和协商对话，这也就是风险交流沟通的过程。或者换句话说，风险交流沟通过程中，信息的传递和意见的表达就是公众参与的实现。

从风险沟通的角度来说，公众的参与是一个持续的过程，是围绕着环境风险进行交流的过程。保障环境决策作出的正当法律程序对于公众参与的实现具有决定性的意义。"从不带任何价值判断的实然面来看程序，程序乃是决策的现实流程，包括谁发动了决策、谁参与了决策的作出、决策的考虑因素是哪些，以及谁真正作成了决策等环节。从带有价值判断的应然面看

---

① 蔡定剑主编：《公众参与：欧洲的制度和经验》，法律出版社2009年版，第12页。

程序,则程序必须具有法律规范上的意义,也就是必须是个制度化的法律程序,而非随决策者个人喜好所发动的'程序'。"①

在环境法的制度设计中,公众参与的程序设计是存在的,但是面对环境风险的法律规制来说,这种程序性的设计是远远不够的:无法摆脱政府在环境行政决策中的单一决策地位,无法容纳公众的有效参与。环境风险规制的程序设计关键是"在行政决定的作出过程中,是否能够借程序建制,促进决策相关资讯的累积,而达到逐步降低决策不确定因素的作用"。②

纳入风险沟通的环境风险规制需要在风险决策的过程中,相关的信息公开主体必须拥有与解决其规制领域内各类风险问题相适应的专业知识和技能;同时还需要一般地确立和维护作为公共权威的公信力、保持良好的诚信记录,避免破坏民众对公权力的信任,否则政府和社会均不得不为此付出代价。在公众参与的程序设计上,要保证公众在获取一定信息后所形成的反馈意见能够及时的到达决策者,并实质性的影响到决策过程的下一步进展。环境标准的制定程序代表了规则制定过程中的公众参与,环境影响评价制度保障了公众在环境决策过程中的参与。为落实环境风险法律规制的正当法律程序,在涉及环境标准的制定和环境影响评价程序中强化以风险沟通为目的的公众参与程序性设计是环境风险规制法律制度建设亟须解决的问题。

一、规则制定过程中的协商参与——以环境标准制定程序完善为例

在环境风险规制中,环境标准的制定和适用是风险规制的基础。"理想的决策环境是在决策者针对具体的管制事项,能够掌握所有相关的资讯,决策的每一环节也都有坚实的事理基础佐证,使得任何'外力'干预,都很容易看出其是否背离事理。"③ 但是在现实中这样的决策过程是不存在的,决策的作出必须有一定的依据,而在环境规制中,环境标准就充当了该"事理基

---

① 叶俊荣,《环境行政的正当法律程序》,1997年自版,第6—7页。
② 同上书,第146页。
③ 同上书,第3页。

础"的佐证作用。正如日本学者原田尚彦所说,"环境标准可以说不是法规,而是作为行政行为的起点,给所有的环境上的行政政策指示基本方向的基本性计划值,实质上它与国民的生活和福利具有比法规更加重大的关系"。①

在我国环境法制实践中,环境行政管制的很多法律制度都必须以环境标准的有效实施作为行为准则和检验标准,如征收超标排污费、"三同时"验收、环境监测的开展等都无不以环境标准为基础和重要前提。虽然对于环境标准的法律属性学术界还存在着争议②,但不可否认的是,环境标准在很大程度上起到了规制的作用。

一般说来,环境标准是以环境基准为依据,但同时考虑经济发展和技术水平的限制以及社会所能够接受的风险程度而设定的。③ 作为环境执法依据的环境标准,其制定过程包括了风险评价和风险管理,涉及风险知识的选择和运用,是一个风险决策的过程。在这个过程中,充满了复杂的抉择。以污染标准的制定为例,"首先,评估环境保护的收益本身就具有高度的争议性,尤其是当舒适的环境与健康结合在一起时,而且还必须考虑对后代人的福利影响。某些具有跨国性质的污染形式更是加剧了问题的复杂性。其次,有些环境污染物的影响还具有不确定性,尤其是减污成本很高,如何合理平衡环境保护和工业生产之间的关系,也难以达成共识。再次,即使能够对合理的保护水平达成协议,将这些目标转化为适用于各个企业的标准,也存在若干困扰"。④

环境规制的早期,"面对决策所仰赖的基础资讯不足的情况,决策者往往诉诸科技的权威,试图将问题简化成科技层面的事实认定,并以科技专业来控制政策的变数,作出一切看专家怎么说的专家专制"。⑤ 环境风险的层

---

① 〔日〕原田尚彦:《环境法》,于敏译,法律出版社1999年版,第73页。
② 吕忠梅、刘超:《环境标准的规制能力再造——以对健康的保障为中心》,载《时代法学》2008年第4期,第14页。
③ 白贵秀:《基于法学视角的环境标准制度研究》,载《政法论丛》2012年第3期,第82页。
④ 〔美〕布雷耶:《规制及其改革》,李洪雷、宋华琳、苏苗罕译,北京大学出版社2008年版,第207页。
⑤ 叶俊荣:《环境行政的正当法律程序》,1997年自版,第4页。

出不穷打破了公众对专家的信任,在环境标准制定过程中各种价值考虑和利益衡量的重要性显得越发突出。

环境标准制定和修改的过程应当是公众和专家运用各自所掌握的关于环境风险的事实和价值进行沟通、反思和选择的过程。① "环境标准的决定,可以说依据科学的专门性判断的成分是很大的,但同时,政策性选择的余地也是很大的,因此,环境标准的设定,有必要通过民主讨论的过程使其反映民意从而授予其应有的正当性。"② 在这个复杂的抉择过程中,标准制定的程序就显得尤为重要。如在加拿大,制定环境标准时,议会、内阁、政府部门和各个规制机构、法院、工业协会以及非政府环保组织等组成制定环境标准的团体,按照透明、公开、负责、尊重专家意见等原则制定标准。③

我国目前尚未制定专门的行政程序法,有关环境标准制定的专门规范是 2006 年原国家环保总局颁布的《国家环境保护标准制修订工作管理办法》,其中有关环境标准制定的程序要求远远达不到风险沟通的目的。《国家环境保护标准制修订工作管理办法》规定的环境标准制定程序中只有在标准制修订工作的第六阶段时要求"公布标准的征求意见稿,向社会公众或有关单位征求意见",至于征求的意见是否被采纳以及没有采纳的原因该管理办法并未作出向公众反馈的要求。除此条规定外,在环境标准的制修订程序中,公众参与的规定基本没有。由于缺乏具体的程序性要求,导致在实践中公众意见没有表达的渠道,更无法参与其中。在一些重大的风险决策作出过程中,标准的制定的不合理也成为引发公众质疑的原因之一。如在上海磁悬浮列车事件中,专家未选用较为严格的瑞士电磁感应强度标准,而是选择了连国际辐射保护协会(ICNIRP)自己都认为存在局限的限值标

---

① 张晏、汪劲:《我国环境标准制度存在的问题及对策》,载《中国环境科学》2012 年第 1 期,第 191 页。
② 〔日〕原田尚彦:《环境法》,于敏译,法律出版社 1999 年版,第 73 页。
③ 王彬辉:《加拿大环境标准制定程序及对我国的启示》,载《环境污染与防治》2011 年第 3 期,第 102 页。

准①,更加剧了公众对该项决策的不满。

风险规制对其公众参与的程度提出了更高的要求,标准的制定过程应当是一个风险交流的过程,或者说是消除风险疑惑、形成风险共识的教育过程,以此来确保依据环境标准作出的风险规制能够得到公众的认可和执行。

首先,针对牵涉几个特定利益团体的环保标准,在代表性等条件具备的前提下,可考虑引进协商式规则制定程序,在制定法律实施规则的过程中达成共识,提升决策的民主与参与。"协商制定规制是以合意为基础的过程,通常由行政机关召集,利害关系人藉此可以就规则的实体内容进行协商。"② 协商制定行政规则的实践源于美国20世纪80年代,美国国会于1990年颁布《协商制定规则法》,正式将这一实践法制化。在环境保护的实践中,美国环保署在执行《有毒物质控制法》《饮用水安全法》《清洁空气法》等法律时运用了该程序,获得了广泛的支持。在协商式规则制定程序中,公众的广泛参与使其必须直面问题的解决,也更愿意接受规则的规制后果,实现针对风险问题的合作治理。协商制定规制具有合作治理的潜力,"这一潜力并非源于当事人'成功'达成了合意性的规则(虽然这些规制是成功的),而是源于当事人致力于解决问题这一事实,藉此他们就能够摆脱传统的规则制定观念,哪怕是短暂而且不完全的"。③

其次,环境标准在颁布之际应强化说理性。由于环境标准的制定具有很强的专业性,同时也是各种经济、技术因素衡平的结果。在环保标准制定上,应要求标准于公布之时,同时附加整体的制定说明,尤其是对标准制定过程中所依据的基准、所依据的科学论证或法理基础等等,加以详细说明。这样的一种程序性要求,有助于标准制定机关在环境标准的制定过程中慎重周全的考虑各种风险因素,便于公众接受最终的衡量结果,也对未来标准

---

① 张晏、汪劲:《我国环境标准制度存在的问题及对策》,载《中国环境科学》2012年第1期,第190页。
② 〔美〕朱迪·弗里德曼:《合作治理与新行政法》,毕洪海、陈标冲译,商务印书馆2010年版,第51页。
③ 同上书,第59页。

是否修改、如何修改,以及何时修改等,提供依据,督促环境标准随着客观情况的变化而及时作出修订调整,避免环境标准滞后于环境保护实践需求。

二、环境风险决策过程中的沟通互动——以环境影响评价的程序完善为例

保障风险决策的广泛接受性是取得决策正当性的基础,而广泛的接受性依赖于公众参与决策过程的广度和深度。环境风险的不确定性要求在风险决策作出之前相关主体之间能够充分地进行风险沟通、信息交流,并提升决策的效率。在风险沟通的要求下,为了正当的评估风险、回避风险,需要多方面信息作为决策的基础,同时也要具备对媒体的偏见、专家意见进行甄别的判断力。在有关风险决定的过程中,以政府为代表的决策主体应当举行便于公众参与的讲座、各种讨论会,利用各种机会进行讨论,发挥环保组织在环境教育上的功能,使得公众有机会在进行决策之前与相关主体进行沟通与反思,就预防性措施的有效性提出意见,通过辩论的程序获得最佳的解决途径,这也是重新建立公众对政府决策信任的途径。

在我国现行的环境法制中,能够提供公众参与环境决策过程的制度保障主要是环境影响评价制度。广义的环境影响评价,"是指对拟议中的人为活动(包括建设项目、资源开发、区域开发、政策制定、立法等)可能造成的环境影响(包括环境污染和生态破坏等不利影响,也包括对环境的有利影响)或环境后果进行风险论证的全过程,并在此基础上提出采取预先的防治措施和对策"。[①] 该制度主要目的在于将环境影响评价的程序和标准用法律的形式确定下来,以保障政府对各类环境与资源开发利用行为进行决策的正当性。

我国 2002 年制定的《环境影响评价法》所确立的环境影响评价采用的是狭义的概念,"是指对规划和建设项目实施后可能造成的环境影响进行分析、预测和评估,提出预防或者减轻不良环境影响的对策和措施,进行跟踪

---

① 汪劲:《中外环境影响评价制度比较研究——环境与开发决策的正当法律程序》,北京大学出版社 2006 年版,第 33 页。

监测的方法与制度。"①根据该法的规定,和法律规定的规划及建设项目有关的环境风险决策都应当经过环境影响评价的程序。环境影响评价程序是防范环境风险的重要制度性保障。

环境影响评价程序中的公众参与是目前我国公众能够有效参与具体环境决策的制度保障。实现决策的民主化是环境影响评价制度的重要功能之一,面对风险的不确定性,环境影响评价程序是决策者、项目建设者和公众对所议事项的风险知识充分的展示和交流的平台,"环境影响评价是一个依赖于公众意见表达与沟通的程序。讨论和对话在环境影响评价中占有重要的地位"。② 在这个过程中,公众对于风险议题的关注应该得到充分的表达,"环境影响评价在主要作用在于增进了公众与决策者的交流参与以及公众对于决策的认知和理解。增进公众对于政府决策公正性的认可,加强政府的权威"。③

然而在实践中,环境影响评价程序未能成为公众有效参与环境决策的有效程序保障,导致在一些地方具有重大环境风险的项目建设在取得了环境影响评价审批后,仍遭到公众的反对,并引发环境群体性事件。④ 究其原因,环境影响评价程序中公众参与的程序设计,并未以实现风险沟通为目的,现有的程序设计只是在法律规范的角度规定了公众参与的可能途径,使得环境影响评价阶段的公众参与沦为一种"象征性的参与",难以起到信息沟通的作用。

1. 完善环境影响评价信息沟通的方式

环境影响评价过程中的信息沟通是公众参与的重要内容和目的,也是实现有效参与的保障。负有国家环境管理职责的行政机关在事关环境风险的决策作出前,让有可能受到不利影响的当事人享有陈述意见的机会是环

---

① 汪劲:《中外环境影响评价制度比较研究——环境与开发决策的正当法律程序》,北京大学出版社 2006 年版,第 33 页。
② 同上书,第 61 页。
③ 同上。
④ 如 2012 年发生在四川什邡的群体性事件中,所针对的钼铜项目已经履行了环境影响评价的审批程序,是合法的项目,但是仍然遭到了公众的强烈反对。

境正义的要求,也是行政程序正当性的基本要求。一般说来,环境影响评价中公众参与的沟通方式包括但不限于"咨询委员会、非正式小型会议、一般公开说明会、社区组织说明会、公民审查委员会、听证会、发行手册简讯、邮寄名单、小组研究、民意调查、设立公共通信站、记者会邀请意见、发信邀请意见和回答民众疑问等"。① 目前环境影响评价的法律法规作出了征求公众意见的强制性规定,对公众参与的形式作出了要求,然而信息沟通尚未成为立法的重要目的。

《环境影响评价法》第 21 条规定:"除国家规定需要保密的情形外,对环境可能造成重大影响、应当编制环境影响报告书的建设项目,建设单位应当在报批建设项目环境影响报告书前,举行论证会、听证会,或者采取其他形式,征求有关单位、专家和公众的意见。"也就是说针对建设项目,公众可以在环境影响报告书的编制阶段和环境影响报告书的审批阶段参与了解建设项目有关的环境风险情况,表达自己的意见。

公众参与的形式是多样的,2006 年出台的《环境影响评价公众参与暂行办法》对该法所规定的"其他形式"进行了细化,将公众参与方式细化为"调查公众意见、咨询专家意见、座谈会、论证会、听证会"五种,并在第 14 条规定公众可以在有关信息公开后,以信函、传真、电子邮件或者按照有关公告要求的其他方式,向建设单位或者其委托的环境影响评价机构、负责审批或者重新审核环境影响报告书的环境保护行政主管部门,提交书面意见。从法律规范的角度来说,公众在事关环境风险的决策过程中,在环境影响评价阶段可以通过调查公众意见、咨询专家意见、座谈会、论证会、听证会、书面意见陈述的方式表达对风险决策的意见。

但是这样的规定在实践中难以保障公众的有效参与。参与形式的多样性反而给适用法律的主体以可乘之机。《环境影响评价法》第 21 条的表述是"举行论证会、听证会,或者采取其他形式,征求有关单位、专家和公众的意见",也就是说这几种征求公众意见的方式是可以选择的适用的,这样的

---

① 叶俊荣:《环境政策与法律》,中国政法大学出版社 2003 年版,第 212 页。

程序规定导致在实践中建设项目征求公众意见的方式多为最便捷、最易于操作的"调查公众意见",或者咨询几位专家意见,以满足法律规定的公众参与的要求。

采用调查公众意见这种方式,实践中的基本表现形式是千篇一律的问卷调查,如安徽省 2007 年编制环境影响报告书的 615 个项目中采用发放公众调查意见表的 612 个,采用座谈会形式征求意见的两个,采用听证会形式征求公众意见的一个。[①] 而且调查问卷设计的科学性和调查范围的广泛性均对决策产生不了任何实质性的影响,在问卷的设计上往往充满了诱导性。如在问卷中经常出现这样的诱导性内容:"您认为本项目对促进本地经济发展是否有推动作用?""您认为本项目是否会缓解本地区的就业难题"等等,对于项目所涉及的对环境的实质性影响问题反而是避而不谈。

即使是听证会的形式,从《环境影响评价公众参与暂行办法》有关建设单位或者环评机构组织听证会的整个过程来看,听证会的主持人由建设单位或者环评机构人员担任,听证代表是由建设单位或者环评机构任意遴选,程序进行中未涉及举证质证,听证会笔录与所作成的环评报告书具有何种关系,或者是否成为报告书的依据,未予明确。这样的听证会在性质上更接近于开发建设单位实施意见收集和动态交流的程序,实践导致公众在环境决策阶段的参与实际上处于参与阶梯中的"完全无参与"阶层。使得环境影响评价阶段的公众参与沦为一种"象征性的参与",难以起到信息沟通的作用,距离公众的合作性参与更是相差甚远。

从风险沟通的角度来说,法律应当对建设项目进行区分,要求具有风险争议的建设项目适用完整的公众参与结构,硬性要求采用能够保障公众意见得到表达的参与形式。"对环境影响较大的项目,如果在发放调查表过程中有较大比例的反对意见,应增加座谈会或听证会的形式;如果项目涉及污染因子较复杂或重要敏感区时,应采用论证会方式;如果项目环境影响范围

---

① 陈仪:《论公众参与环境影响评价法律制度的完善》,载《苏州大学学报(哲学社会科学版)》2008 年第 2 期。

很大、社会影响广时,因针对不同问题分别采用咨询专家意见、论证会、座谈会、听证会等多种方式。"①通过对参与方式的细化,在程序过程中植入更多的双向沟通,扩大公众参与者比例,增强"座谈会"的双向"讨论"和"交流"功能,改善目前公众参与只是以静态收集意见为主的实践样态。对于风险争议不大的环境影响评价项目,公众参与的形式以公众调查、意见陈述即可。通过风险沟通的过程创造价值,有利于减轻嗣后行政程序的负担,确保公众对于风险项目的接纳,有利于最佳决策的形成。

2. 提升环境影响评价公众参与的效力

公众参与环境影响评价的目的在于受项目建设影响的特定公众通过自身的参与能"影响"决策并通过风险沟通和交流达成风险共识和理性决策。"而公众参与是否'影响'了决策,以及是否实现了双向沟通和交流过程,一个重要的外在判断标准是各种参与方式的反馈机制是否健全,即公众透过各种参与方式所发出的声音,是否得到应有的采纳或者回应。"②换句话说,环境影响评价程序中的公众参与的程序设计能否起到风险沟通的目的取决于环境行政机关如何回应公众的意见和环境风险防范的要求。

对公众意见的回应也是公众参与的要求。"公众参与的回应与参与的机会本身同等重要,一个不必有任何回应的参与,仅是满足形式上的参与要件,对参与者或开发者而言都无实质的意义。理论上,不论是范畴界定会议、公开说明会或勘查、听证会、审查会所提出的意见,虽未必有全盘采用的义务,但接收者应加以回应,并且必须在公开场合,体现出对评论意见已加以慎重考虑的态度。"③

我国的环境影响评价立法已经在促进风险沟通以实现公众的实质性参与方面有所努力。如《环境影响评价公众参与暂行办法》第12条规定:"环

---

① 周杰:《环境影响评价中的利益衡量研究》,武汉大学环境法研究所2012年博士论文,第194页。
② 唐明良:《公众参与的方式及其效力光谱——以环境影响评价的公众参与为例》,载《法治研究》2012年第11期,第105页。
③ 叶俊荣:《环境政策与法律》,中国政法大学出版社2003年版,第198页。

境影响报告书送环境保护行政主管部门审批或者重新审核前,建设单位或者其委托的环境影响评价机构可以通过适当方式,向提出意见的公众反馈意见处理情况。"第 17 条规定:"建设单位或者其委托的环境影响评价机构,应当认真考虑公众意见,并在环境影响报告书中附具对公众意见采纳或者不采纳的说明。环境保护行政主管部门可以组织专家咨询委员会,由其对环境影响报告书中有关公众意见采纳情况的说明进行审议,判断其合理性并提出处理意见。"这样的规定充分说明立法者已经注意到参与回应、反馈和采纳机制的重要性,但是对于建设单位对公众意见不进行反馈的行为,在法律文件的审批上没有任何影响,使得该条规定成为一纸空文,导致即使公众对于所议事项持反对意见也无法对决策产生实质性的影响。如"深圳市深港西部通道侧接线工程环评报告书审批案"中,环评单位曾以发放公众意见调查表的方式对 50 位公众进行调查,调查结果中 94% 的公众反对初选方案,100% 的公众认为有关初选方案不是好的方案,但这一调查结果并未体现在环评报告书结论中。① 在其他一些影响比较大的环境影响评价案件中,公众意见的被无视也是一种常态。

风险沟通应当保障公众的意见能够被决策者知晓并考虑,为此,环境影响评价立法应当提高公众参与的效力。需要进一步明确环境行政机关、建设单位与环评单位有向受项目建设影响的特定公众回应其意见处理情况的义务,规定回应的具体程序、时间和后续处理意见等,并明确规定建设单位和环评单位不考虑公众意见应当承担的法律责任等。在对公众意见回应的方法上,不管采纳与否,环境影响报告都应详尽记载利益相关者的意见、对意见的回复及采纳或不采纳的详细理由,并采取适当方式将处理结果向公众公布。如果公众对意见的处理结果有异议,认为未采纳公众意见而未附理由或对未采纳的理由不满等,可以向上级环保部门提出行政复议或其他方式来行使救济性权利,保障公众意见能够得到合法有效的表达并得到尊重。

---

① 汪劲:《对提高环评有效性问题的法律思考——以环评报告书审批过程为中心》,载《环境保护》2005 年第 3 期。

第六章　结　语

法律的本质属性是应用性。法律研究通常循着基于价值的正当性分析和基于现实的合理性论证两个方面展开。对于环境问题进行法律控制，实施环境风险规制的正当性已为社会所接受，但是如何解决环境问题、应对环境风险则与社会的现实发展具有密切的联系。乌尔里希·贝克的风险社会理论对当下社会本质进行了深刻反思，提出"现代化的发展基底直接面对现代化的发展后果——尤其是'非意图的后果（unintended consequences）'——所带来的冲击，继而对此基底造成自我危害、自我扬弃、与自我改造的作用"。① 风险社会下的自反性现代化所关注的是导致风险社会后果的自我冲突，而这些后果是工业社会体系根据其制度化的标准所不能处理和消化的。

这种对社会发展的反思法学的研究也在同步进行着。在法学的研究中，传统的法律规制设定科学前提都是可以证明的、以严格的技术为基础的手段都是有效的。而我们目前所处的后现代阶段内在的反思性使得我们不

---

① 顾中华主编：《第二现代——风险社会的出路？》，台湾巨流图书公司2001年版，第7页。

得不对传统法律规制的策略产生疑问。① 面对现代法的形式理性危机,福利法治国出现了追求实质理性法的趋势,旨在寻求一种法律的"替代方式"。在诺内特和塞尔兹尼克的回应型法中,能动主义、开放结构以及认知能力等社会变革的工具或条件因素得到充分思考。回应型法将法律的目的性与参与性结合在一起,强调法律所要服务的目的的支配性地位,注重追求实质正义,讲求实际结果的正当性,通过法律的目的来引导具体的制度,因而比较容易接受社会影响,在处理社会问题方面更为有效。

图依布纳在回应型法的基础之上提出了反思型法。反思型法对于法律作用本身进行了自我批判,将目标定位于鼓励其他社会体制构建自我反思的结构。也就是说,反思型法放弃了将社会问题作为一个整体来管制的企图,而是借助其他社会力量来处理社会问题,而非对社会行为进行直接的管制。②

环境法作为与风险有着最为直接联系的法律部门,其不同发展阶段体现了三种不同的法律理性。形式法的原则较具有稳定性,但是这种稳定性,以及其对于司法诉讼的关注和依赖,产生了许多的问题。它无法解决大范围的环境问题,例如空气污染和水污染等。因为法院裁决私人之间的争议案件,只限于涉及相对少数当事人的争议。他们没有机会来考虑更为广泛的环境保护问题。当然,程序上的改革,例如发展环境公益诉讼,可以扩大诉讼的范围来处理一些环境问题。但是其作用是有限的,无法处理相当大的或较为复杂的环境保护问题,而且环境公益诉讼在实践中的推行也还有很多问题需要解决。形式法自身的限制,需要发展实质的环境保护法律法规来解决环境问题、保护生态环境。相对于形式性的法律而言,实质环境法则不依赖法院根据具体的法律规范来解决争端,而是对于会造成环境危害的社会问题,直接予以介入,并通过法律授权,将立法权授予特定的机关,即

---

① Daniel J. Fiorino,"Rethinking Environmental Regulation:Perspectives On Law And Governance", *Harvard Environmental Law Review*, Vol. 23 1999, p. 4.
② Macaulay, S., "Private Government", in *Law and Social Sciences*, L. Lipson and S. Wheeler (eds.), New York:Russell Sage, 1986, pp. 445—518.

"在立法、行政及审判中,迅速地扩张使用无固定内容的标准和一般性的条款",以及"从形式主义向目的性或政策导向的法律推理的转变,从关注形式公正向关心程序或实质公正转变"。① 当然,实质性法律持续扩张性地使用,也产生了其他的问题。"法律的主要职能之一是界定和限制公私权力。哪里由法律在统治着,哪里就用规则的形式来刹住权力的无限制行使,这种规则把掌权者束缚在一定的行为方向中"。② 环境法中"命令—控制"的管制模式运用过程中所出现的一个问题就是如何对于环境行政权力进行制约。另外在风险社会下,社会日益提高的复杂性,对于法律产生了极大的限制,"命令—控制"的管制模式在解决复杂的环境问题方面也出现了新的困难,从而促使对环境风险进行法律规制的环境法必然是反思型法。

从反思型法的角度来说,环境风险的法律规制,其解决方法是将许多社会管制沉重的负担,从法律体系转移到其他社会体系,激发社会的自我规制机制。而这是通过程序性规定所完成的。不同于详细地规定可被接受的行为,环境法需要采用某些程序,要求被规范者得以遵循。此程序设计的目标,在于鼓励被规范者在正确的方向上行为。其基本策略是提供社会导引(social guidance),而非直接告诉被规制者应当做什么,从而通过加强被规制企业内在的"反省机制"来实现预期的目标。③

在环境风险的法律规制中,法律的作用不仅仅是通过法律命令提供实质的和具体的目标,也不仅仅是通过保障纯粹形式自由的方式来支持自由市场经济的运作,而是要为其他社会子系统内的自我管制提供框架结构、限制性因素。④ 这个过程是对法律理性主义的重新思考,它所提供的解决方法则是强调社会中的"反省机制",法律只是提供一种可以选择的管制,而法律

---

① 〔美〕昂格尔:《现代社会中的法律》,吴玉章、周汉华译,中国政法大学出版社 1994 年版,第 181 页。
② 〔美〕博登海默:《法理学——法律哲学和方法》,张智仁译,上海人民出版社 1992 年版,第 320—321 页。
③ Daniel J. Fiorino, "Rethinking Environmental Regulation: Perspectives On Law And Governance", *Harvard Environmental Law Review*, Vol. 23 1999, p. 7.
④ Peter Vincent-Jones, "Responsive Law and Governance in Public Services Provision: A Future for the Local Contracting State", *Modern Law Review* 61 (3), 1998, p. 364.

是否得到适用,则根据社会的需要。也就是说,法律不再被认为是严格的权威性的行为期待,并且有严格的结果。法律的有效性乃在于被管制者自己的裁量。① 反思的策略,主要是设计出组织性结构,使相关体系——企业、半公共组织、大众传播媒体和教育体制,能够发挥其内在的理性,也就是反思理性,产生出良好的外在效应。在这个过程中,风险沟通显得尤其重要。沟通的实现需要建构社会体制的组织结构当中的沟通渠道。环境风险的法律规制,需要强调的是法律所要服务的目的的支配性地位,注重追求实质正义,讲求实际结果的正当性。需要法律制度运用社会合作的协商式迂回决策方式,发挥社会主体在环境保护方面的自主控制。

当然,为了发挥环境法对社会行为的指引作用,法律的灵活性必然对法律的精确化提出新的发展需求。由于现代社会的风险在科技日新月异发展的促进之下,更是无处不在,然而法律是相对稳定和滞后的,即使其要随着社会的发展而不断变迁,它的速度也绝对比不上科技的发展,然而法律必须能够指引行为,这是贯彻法治的一项基本原则。面对风险社会由于风险的不确定性和不可预见性所导致的人的行为的无法预期性,传统以精确著称的法治观念需要转变,遵循法律的程序主义进路,切实维护作为风险直接承受者的公众在风险沟通过程中的权利和决策地位,以适应环境风险分配的逻辑。也就是说,环境法需要更多的确认公众参与的权利以及权利的实现方式,在立法上采用弹性立法的技巧,以不确定的法律的形式来适应急剧的社会变迁,实现法律的指引作用。

---

① Teubner, G., *Law as an Autopoietic System*, Anne Bankowska and Ruth Adler (trans.), Zenon Bankowski (ed.), Oxford: Blackwell Publishers, 1993, p. 94.

中外文参考文献

一、中文著作类

1. 蔡定剑主编:《公众参与:风险社会的制度建设》,法律出版社 2009 年版。

2. 蔡定剑主编:《公众参与:欧洲的制度和经验》,法律出版社 2009 年版。

3. 蔡守秋主编:《环境资源法教程》,高等教育出版社 2004 年版。

4. 蔡守秋著:《调整论:对主流法理学的反思与补充》,高等教育出版社 2003 年版。

5. 曹明德著:《生态法原理》,人民出版社 2002 年版。

6. 陈慈阳著:《环境法总论》,台湾元照出版公司 2003 年版。

7. 陈新民著:《德国公法学基础理论》(上册),山东人民出版社 2001 年版。

8. 成伯清著:《走出现代性》,社会科学文献出版社 2006 年版。

9. 高宣扬著:《后现代论》,台湾五南图书出版公司 1999 年版。

10. 高宣扬著:《鲁曼社会系统理论与现代性》,中国人民大学出版社 2005 年版。

11. 高中华著:《环境问题抉择论》,社会科学文献出版社 2004 年版。

12. 葛洪义著:《法律与理性——法的现代性问题解读》,法律出版社 2001 年版。

13. 公丕祥著:《法制现代化的理论逻辑》,中国政法大学出版社 1999 年版。

14. 顾中华主编:《第二现代——风险社会的出路?》,台湾巨流图书公司 2001 年版。

15. 韩德培主编:《环境保护法教程》(第六版),法律出版社 2012 年版。

16. 胡静著:《环境法的正当性与制度选择》,知识产权出版社 2009 年版。

17. 胡志强、肖显静著:《科学理性方法》,科学出版社 2002 年版。

18. 黄锦堂著:《台湾地区环境法之研究》,台湾月旦出版公司 1994 年版。

19. 柯泽东著:《环境法论》,台湾三民书局 1988 年版。

20. 李海平著:《后现代背景下行政法的范式转型——迈向反思型行政法》,法律出版社 2005 年版。

21. 李培超著:《伦理拓展主义的颠覆》,湖南师范大学出版社 2004 年版。

22. 李艳芳著:《公众参与环境影响评价制度研究》,中国人民大学出版社 2004 年版。

23. 吕忠梅主编:《超越与保守——可持续发展视野下的环境法创新》,法律出版社 2003 年版。

24. 吕忠梅著:《环境法新视野》,中国政法大学出版社 2000 年版。

25. 秦书生著:《复杂性技术观》,中国社会科学出版社 2004 年版。

26. 谈火生编:《审议民主》,江苏人民出版社 2007 年版。

27. 唐双娥著:《环境法风险防范原则研究:法律与科学的对话》,高等教育出版社 2004 年版。

28. 汪劲著:《环境法学》,北京大学出版社 2006 年版。

29. 翁岳生编:《行政法 2000》,中国法制出版社 2002 年版。

30. 辛年丰著:《环境风险的公私协力——国家任务变迁的观点》,台湾元照出版公司 2014 年版。

31. 薛晓源、周战超主编:《全球化与风险社会》,社会科学文献出版社 2005 年版。

32. 杨雪冬等著:《风险社会与秩序重构》,社会科学文献出版社 2006 年版。

33. 叶俊荣著:《环境行政的正当法律程序》,1997 年自版。

34. 叶俊荣著:《环境政策与法律》,台湾元照出版公司 2002 年版。

35. 叶明著:《经济法实质化研究》,法律出版社 2005 年版。

36. 俞可平著:《社群主义》,社会科学文献出版社 2005 年版。

37. 张成岗著:《现代技术问题研究:技术、现代性与人类未来》,清华大学出版社 2005 年版。

38. 张静著:《法团主义》(修订版),中国社会科学出版社 2005 年版。

39. 赵震江主编:《法律社会学》,北京大学出版社 1998 年版。

40. 郑少华著:《生态主义法哲学》,法律出版社 2002 年版。

41. 郑永流主编:《法哲学与法社会学论丛》(二),中国政法大学出版社 2000 年版。

42. 朱景文主编:《当代西方后现代法学》,法律出版社 2002 年版。

43. 庄友刚著:《跨越风险社会—风险社会的历史唯物主义研究》,人民出版社 2008 年版。

二、外文译著类

1.〔澳〕约翰·S. 德雷泽克著:《协商民主及其超越:自由与批判的视角》,丁开杰译,中央编译出版社 2006 年版。

2.〔巴西〕何塞·卢岑贝格著:《自然不可改良》,黄凤祝译,生活·读书·新知三联书店 1999 年版。

3. 〔德〕奥托·迈耶著:《德国行政法》,商务印书馆 2002 年版。

4. 〔德〕哈贝马斯著:《在事实和规范之间:关于法律和民主法治国的商谈理论》,童世骏译,生活·读书·新知三联书店 2003 年版。

5. 〔德〕哈贝马斯著:《重建历史唯物主义》,郭官义译,社会科学文献出版社 2000 年版。

6. 〔德〕克劳斯·迈因策尔(Klaus Mainzer)著:《复杂性中的思维》,曾国屏译,中央编译出版社 1999 年版,

7. 〔德〕马克思、恩格斯著:《马克思恩格斯选集》(第三卷),人民出版社 1995 年版。

8. 〔德〕马克斯·韦伯著:《论经济与社会中的法律》,〔英〕埃德华·希尔斯、〔英〕马克斯·莱因斯坦英译,张乃根译,中国大百科全书出版社 1998 年版。

9. 〔德〕马克斯·韦伯著:《经济与社会》(上下),林荣远译,商务印书馆 2004 年版。

10. 〔德〕尼克拉斯·鲁曼著:《生态沟通:现代社会能应付生态危害吗?》,汤志杰、鲁贵显译,台湾桂冠图书股份有限公司 2001 年版。

11. 〔德〕乌尔里希·贝克、〔德〕约翰内斯·威尔姆斯(Johannes Willms)著:《自由与资本主义——与著名社会学家乌尔里希·贝克对话》,路国林译,浙江人民出版社 2001 年版。

12. 〔德〕乌尔里希·贝克著:《风险社会》,何博闻译,译林出版社 2004 年版。

13. 〔德〕乌尔里希·贝克著:《全球化时代的权力与反权力》,蒋仁祥、胡颐译,广西师范大学出版社 2004 年版。

14. 〔德〕乌尔里希·贝克、〔英〕安东尼·吉登斯、〔英〕斯科特·拉什著:《自反性现代化——现代社会秩序中的政治、传统和美学》,赵文书译,商务印书馆 2001 年版。

15. 〔法〕阿尔贝·雅卡尔著:《科学的灾难——一个遗传学家的困惑》,

阎雪梅译,广西师范大学出版社 2004 年版。

16.〔法〕埃德加·莫兰(Edgar Morin)著:《复杂思想》,陈一壮译,北京大学出版社 2001 年版。

17.〔美〕巴伯(Barber,B.)著:《科学与社会秩序》,顾昕等译,生活·读书·新知三联书店 1991 年版。

18.〔美〕保罗·R.伯特尼、〔美〕罗伯特·N.史蒂文斯主编:《环境保护的公共政策》,穆贤清、方志伟译,上海三联书店、上海人民出版社 2004 年版。

19.〔美〕伯纳德·巴伯著:《科学与社会秩序》,顾昕等译,生活·读书·新知三联书店 1991 年版。

20.〔美〕博登海默著:《法理学——法律哲学和方法》,张智仁译,上海人民出版社 1992 年版。

21.〔美〕戴斯·贾丁斯著:《环境伦理学:环境哲学导论》,林官明、杨爱民译,北京大学出版社 2002 年版。

22.〔美〕冯·贝塔朗菲:《一般系统论:基础、发展和应用》,林康义等译,清华大学出版社 1987 年版。

23.〔美〕卡洛琳·麦茜特著:《自然之死:妇女、生态和科学革命》,吴国盛等译,吉林人民出版社 1999 年版。

24.〔美〕凯斯·R.孙斯坦著:《风险与理性——安全、法律及环境》,师帅译,中国政法大学出版社 2002 年版。

25.〔美〕莱因哈特·本迪克斯著:《马克斯·韦伯思想肖像》,刘北成等译,上海人民出版社 2002 年版。

26.〔美〕劳伦斯·M.弗里德曼著:《法律与社会》,郑哲民、吴锡堂、杨满郁合译,台湾巨流图书公司 1991 年版。

27.〔美〕理查德·B·斯图尔特著:《美国行政法的重构》,沈岿译,商务印书馆 2002 年版。

28.〔美〕罗斯科·庞德著:《法律史解释》,邓正来译,中国法制出版社 2002 年版。

29.〔美〕罗斯科·庞德著:《通过法律的社会控制/法律的任务》,沈宗灵、董世忠译,商务印书馆 1984 年版。

30.〔美〕罗斯科·庞德著:《法理学》,邓正来译,中国政法大学出版社 2004 版。

31.〔美〕诺内特(P. Nonet),〔美〕塞尔兹尼克(P. Selznick)著:《转变中的法律与社会》,张志铭译,中国政法大学社 1994 年版。

32.〔美〕伊利亚·普利高津著:《确定性的终结》,湛敏译,上海教育科学出版社 1999 年版。

33.〔美〕约翰·贝拉米·福斯特(John Bellamy Foster)著:《生态危机与资本主义》,耿建新、宋兴无译,译文出版社 2006 年版。

34.〔美〕詹姆斯·博曼(James Bohman)著:《公共协商:多元主义、复杂性与民主》,黄相怀译,中央编译出版社 2006 年版。

35.〔美〕詹姆斯·博曼、威廉·雷吉主编:《协商的民主:论理性与政治》,陈家刚等译,中央编译出版社 2006 年版。

36.〔南非〕毛里西奥·帕瑟林·登特里维斯(Maurizio Passerin d'Entreves)主编:《作为公共协商的民主》,王英津等译,中央编译出版社 2006 年版。

37.〔日〕宫本宪一著:《环境经济学》,朴玉译,生活·读书·新知三联书店 2004 年版。

38.〔日〕黑川哲志著:《环境行政的法理与方法》,肖军译,中国法制出版社 2008 年版。

39.〔日〕穗积陈重著:《法律进化论》,中国政法大学出版社 2003 年版。

40.〔日〕我妻荣著:《债权在近代法中的优越地位》,王书江、张雷译,中国大百科全书出版社 1999 年版。

41.〔日〕岩佐茂著:《环境的思想》,韩立新等译,中央编译出版社 1997 年版。

42.〔日〕原田尚彦著:《环境法》,于敏译,法律出版社 1999 年版。

43. 〔英〕E. F. 舒马赫著:《小的是美好的》,虞鸿隽、郑关林译,商务印书馆 1984 年。

44. 〔英〕安东尼·吉登斯、克里斯多弗·皮尔森著:《现代性:吉登斯访谈录》,尹宏毅译,新华出版社 2001 年版。

45. 〔英〕安东尼·吉登斯著:《现代性的后果》,田禾译,译林出版社 2000 年版。

46. 〔英〕芭芭拉·亚当(Barbara Adam)、〔德〕乌尔里希·贝克(Ulrich Beck)、〔英〕约斯特·房·龙(Joost Van Loon)编著:《风险社会及其超越》,赵延东、马缨等译,北京出版社 2005 年版。

47. 〔英〕上议院科学技术特别委员会:《科学与社会:英国上议院科学技术特别委员会 1999—2000 年度第三报告》,张卜天、张东林译,北京理工大学出版社 2004 年版。

三、中文论文类

1. 〔澳〕John. S. Dryzek:《不同领域的协商民主》,载《浙江大学学报(人文社会科学版)》2005 年第 3 期。

2. 〔德〕乌尔里希·贝克:《从工业社会到风险社会(上篇)》,王武龙译,载《马克思主义与现实》2003 年第 3 期。

3. 〔法〕埃德加·莫兰:《论复杂性思维》,陈一壮译,载《江南大学学报(人文社会科学版)》2006 年第 5 期。

4. 〔美〕乔治·M. 瓦德拉斯文:《协商民主》,何莉编译,载《马克思主义与现实》2004 年第 3 期。

5. 〔德〕图依布纳:《现代法中的实质要素和反思要素》,矫波译,载《北大法律评论》(第 2 卷·第 2 辑)。

6. 〔英〕T. A. O. 恩迪科特:《论法治的不可能性》,载《比较法研究》2004 年第 3 期。

7. 陈家刚:《协商民主:概念、要素与价值》,载《中共天津市委党校学报》2005 年第 3 期。

8. 陈龙森:《当代科技理性的探讨》,台湾中山大学中山学术研究所博士论文。

9. 陈忠:《风险社会:知识与实在——贝克"风险社会理论"的"知识问题"与"历史超越"》,载《马克思主义研究》2006年第7期。

10. 陈忠:《走向深层发展伦理学——贝克风险社会理论的发展伦理学意蕴》,载《伦理学研究》2006年第4期。

11. 程新英:《风险社会及现代发展中的风险——乌尔利希·贝克风险社会思想述评》,载《学术论坛》2006年第2期。

12. 钭小东:《环境法功能之进化论》,武汉大学博士学位论文。

13. 黄永忠:《西方法律发展模式思想初探》,载《金陵法律评论》2005年第2期。

14. 季卫东:《从边缘到中心:20世纪美国的"法与社会"研究运动》,载《北大法律评论》(第2卷·第2辑)。

15. 季卫东:《风险社会与法学范式的转换》,载《交大法学》2011年第2卷。

16. 金自宁:《现代法律如何应对生态风险?——进入卢曼的生态沟通理论》,载《法律方法与法律思维》2012年第8辑。

17. 金自宁:《作为风险规制工具的信息交流——以环境行政中TRI为例》,载《中外法学》2010年第3期。

18. 李瑜青:《在回应社会中推进法律的发展——评〈转变中的法律与社会:迈向回应型法〉一书》,载《甘肃政法学院学报》2006年第2期。

19. 廖义铭:《从理性到反思——后现代时期行政法基本理念之转型》,台湾大学政治学研究所博士论文。

20. 〔德〕卢曼:《法律的自我复制及其限制》,韩旭译,载《北大法律评论》1999年第2卷第2辑。

21. 聂耀东、彭新武:《复杂性思维·中国传统哲学·深层生态学》,载《思想理论教育导刊》2005年第4期。

22. 彭飞荣:《法律与风险:基于卢曼"二阶观察"方法的观察》,载《清华法律评论》2011 第 5 卷第 1 辑。

23. 任暄:《生态思维与科学发展观》,载《光明日报》2006 年 6 月 06—17 日。

24. 邵明昭:《法团主义:整合多元利益主体的一种新视角》,载《宁夏党校学报》2006 年 11 月第 8 卷第 6 期。

25. 孙笑侠:《法治国家及其政治构造》,载《法学研究》1998 年第 1 期。

26. 唐德珍:《法律与风险:卢曼风险社会学对法律的观察》,台湾政治大学法律系 1999 年硕士论文。

27. 杨春福:《风险社会的法理解读》,载《法制与社会发展》2011 年第 6 期。

28. 杨小军:《复杂性思维与科学发展观》,载《理论与现代化》2006 年第 6 期。

29. 雍兰利、范玉凤:《化解生态危机——从科技理性到生态伦理》,载《河北师范大学学报(哲学社会科学版)》2004 年 7 月第 4 期。

30. 曾怀德:《现代风险环境中本体性安全的建立——吉登斯风险社会理论探索》,载《齐齐哈尔大学学报(哲学社会科学版)》2005 年第 3 期。

31. 赵俊:《政府环境公共权力论》,武汉大学博士学位论文。

32. 周涛:《当代西方风险社会理论评述》,载《法制与社会》2006 年第 4 期。

四、外文著作及论文类

1. Aaron Wildavsky, *But Is It True? A Citizen's Guide to Environmental Health and Safety Issues*, Cambridge, Mass: Hwvard Univ. Press, 1995.

2. Alan Cawson, *Corporatism and Political Theory*, Basil Blackwell, 1986.

3. Birkinshaw, P., Harden, I. and Lewis, N., *Government by Moon-*

light: *The Hybrid Parts of the State*, London: Sage Publications, 1990.

4. Brophy, M. and Starkey, R., *Environmental Reporting*, in: *Corporate Environmental Management-Systems and Strategies*, Welford, R. (ed.), London: Earthscan Publications Ltd.

5. Crook, S., Pakulski, J. & Waters, M., *Postmodernization: Change in Advanced Society*, London: Sage Publications, 1992.

6. Daniel J. Fiorino, "Rethinking Environmental Regulation: Perspectives On Law And Governance", *Harvard Environmental Law Review*, Vol. 23 1999.

7. David M. Trubek, "Max Weber on Law and the Rise of Capitalism", *Wisconsin Law Review*, vol. 1972, no. 3.

8. David Shaman and David Wheeler, "Controlling Industrial Pollution in Developing World", *8 Envtl. Quality Mgmt.* 1998.

9. Dryzek, J. S. *Rational Ecology: Environment and Political Economy*, Oxford: Blackwell, 1987.

10. Friedman, L., *A History of American Law*, New York: Simon and Schuster, 1973.

11. Funtowicz, S. and Jerome R. Ravetz, "Three Types of Risk Assessment and the Emergence of Post-Normal Science", in Krimsky and Golding (eds.), *Social Theory of Risk*, Praeger Publisher, 1992.

12. Eric W. Orts, "Reflexive Environment Law", *Northwestern University Law Review*, 1995.

13. Gutman, Amy and Dennes Thompson, "Deliberative Democracy and Beyond Process", *The Journal of Political Philosophy*, Vol. 10, Issue. 2, 2002.

14. Hess, D., "Social Reporting: A Reflexive Law Approach to Corporate Social Responsiveness", *25 Iowa Journal Corporation Law*, 1999.

15. H. Kunreuther, *Challenges in Risk Asseement and Academy of*

Political and Social Science, P. Slovic, 1996.

16. Kennedy, D. , "Form and Sustance in Private Law Adjudication", *Harvard Law Review*, 1976.

17. Leonard, P. , *Postmodern Welfare: Reconstructing an Emancipatory Project*, London: Sage Publications, 1997.

18. Maurizio Passerin D'entrèves ed. , *Democracy as Public Deliberation: New Perspectives*, Manchester University Press, 2002.

19. Mauries. J. Cohen, "Risk Society and Ecological Modernization", Vol. 29, No. 2 *Futures*, 1997.

20. Peter Vincent-Jones, "Responsive Law and Governance in Public Services Provision: A Future for the Local Contracting State", *Modern Law Review* 61 (3), 1998.

21. Philippe Schmitter, "Still the Century of Corporatism?", *Review of Politics*, Vol. 36, 1974.

22. Rose-Ackerman, R. , "Changing Images of the State: American Administrative Law Under Siege: Is Germany a Model", *Harvard Law Review*, 1994.

23. Teubner, G. , "Substantive and Reflexive Elements in Modern Law", *Law & Society Review*, 1983.

24. Teubner, G. , *Law as an Autopoietic System*, Anne Bankowska and Ruth Adler (trans.), Zenon Bankowski (ed.), Oxford: Blackwell Publishers, 1993.

25. Ulrich Beck, *The Reinvention of Politics: Rethinking Modernity in the Global Social Order*, Mark Ritter (trans.), Cambridge: Polity Press, 1997.